PERSONAL KANBAN

Visualisez votre travail | Pilotez votre vie

Traduit de l'américain et préfacé par
Pascal Venier

Modus Cooperandi Press

A Division of Modus Cooperandi, Inc

1900 West Nickerson, Suite 116-88

Seattle, WA 98119

Copyright 2016, Modus Cooperandi, Inc.

Manufactured in the USA

PERSONAL KANBAN
Visualisez votre travail | Pilotez votre vie

Jim Benson et Tonianne DeMaria Barry

Traduit de l'américain et préfacé par
Pascal Venier

© 2016 Modus Cooperandi Press

First French Edition, June 2016

Photo de la couverture : Tonianne DeMaria Barry
Prise à Aldie Mill, Aldie, Virginie, États-Unis

Personal Kanban is a registered trademark of Modus Cooperandi, Inc.

L'original du dessin de la quatrième de couverture a été réalisé par Jim Benson en utilisant ToonDoo : http://toondoo.com

La photographie « Une équipe de Kanban au travail » page 6 est utilisée avec la permission de Kenji Hiranabe.

La photographie « Trafficjam » page 61 est utilisée avec la permission de Lynac (http://www.flickr.com/photos/lynac/321100379)

LE PERSONAL KANBAN EN 4 VIGNETTES

Kanban est le mot japonais pour « carte de signal »

LE PERSONAL KANBAN VA AU DELÀ DE LA PRODUCTIVITÉ

Le Personal Kanban c'est:

Un outil pour la productivité : limiter notre travail en cours (WIP) nous aide à accomplir plus

Un outil pour l'efficience : se concentrer sur notre chaine de valeurs nous encourage à trouver des façons de travailler en faisant moins d'effort.

Faire plus! Moins d'efforts!

Un outil pour l'efficacité : rendre nos options explicites nous aide à prendre des décisions bien informées

JE VOIS, DONC JE PEUX AGIR!

Le Personal Kanban montre le contexte de notre travail, nous permettant ainsi de dépasser la simple productivité et de faire preuve d'une plus grande efficience et d'une véritable efficacité.

TABLE DES MATIÈRES

PRÉFACE — xv

INTRODUCTION

Le Personal Kanban n'est pas un concept nouvel-âge — xvii

CHAPITRE 1

Les fondamentaux du Personal Kanban — 1
   Vers un Kanban plus personnel — 3
   Règles pour un système qui n'aime pas les règles — 14
   Les deux règles du Personal Kanban — 16
   Pourquoi visualiser votre travail: naviguer en toute sécurité — 19
   Pourquoi limiter votre WIP — 21
   Pourquoi ce nom de Personal Kanban ? — 24
   Pourquoi le Personal Kanban fonctionne-t-il bien ? — 26
   Comment utiliser ce livre ? — 29
   Les astuces du Personal Kanban — 31

CHAPITRE 2

Construire votre premier Personal Kanban — 33
   Première étape : la mise en place — 33
   Deuxième étape : établir votre chaine de valeur — 36

Troisième étape : établir votre backlog	37
Quatrième étape : établir votre limite de WIP	40
Cinquième étape : commencer à tirer les tâches	47
Sixième étape : réfléchir	49
Améliorer son tableau de kanban personnel	50
Aller plus loin	56
Les astuces du Personal Kanban	56

CHAPITRE 3

Le flux de mon travail est comme celui d'une autoroute	57
Le flux de la circulation	57
La mise en place des limites de WIP	62
Vivre pleinement chaque jour de sa vie	65
Clarifier se révèle apaisant pour Carl	68
Les listes de tâches sont véritablement diaboliques	72
Les astuces du Personal Kanban	80

CHAPITRE 4

Les flux naturels	81
Le flux ou le mouvement naturel de la circulation	81
La cadence: le pouls du travail	84
Le slack ou éviter d'avoir trop de notes	86
L'art de savoir gérer son flux de travail	87
Une leçon de sagesse pour le serveur	92

Pour prendre du recul	95
Les astuces du Personal Kanban	97

CHAPITRE 5

La recette pour une vie de qualité	99
La métacognition : un remède contre la sagesse populaire	105
Productivité, efficience et efficacité	109
Définir un bon investissement	111
Pour prendre du recul	114
Les astuces du Personal Kanban	115

CHAPITRE 6

Découvrir ses priorités	117
Structure, clarté et aptitude à définir les priorités	120
Contrôler la taille des tâches et limiter le WIP	124
Définir les priorités: théorie et pratique	125
Urgence et importance	127
Vraiment vivre sa vie	133
Niveau expert : les métriques dans le Personal Kanban	137
Les astuces du Personal Kanban	148

CHAPITRE 7

Chercher sans cesse à s'améliorer	149
Clarifier permet de tout conquérir	151
Corriger le cap : la révision des priorités dans sa réalité	157
Les bases de l'introspection	161
Les rétrospectives	163
Résoudre les problèmes en allant à leur source	168
Les astuces du Personal Kanban	177

ÉPILOGUE

Le but du jeu	179

ANNEXE A

Les différents modèles de conception du Personal Kanban	185
L'histoire de Jessica : « Futur en cours » et chaines de valeur multiples	186
L'approche spécifique aux tâches répétitives	191
L'approche spécifique aux grands projets	193
Une approche pour les situations d'urgence	195
L'approche de la capsule de temps	198
L'approche permettant d'équilibrer le débit	200
Le Personal Kanban et le Pomodoro	202

ANNEXE B

Le Personal Kanban et les médias sociaux   205

À PROPOS

Jim Benson   209

Tonianne DeMaria Barry   211

Modus Cooperandi   213

PRÉFACE

Nous vivons dans un monde de plus en plus complexe. De profondes mutations dans les façons de travailler se sont produites pendant les trente dernières années. La vitesse à laquelle circule l'information ne cesse de s'accélérer. Jour après jour, chacun d'entre nous a fort à faire et se sent souvent débordé. Trouver le temps de vraiment penser en profondeur est devenu un luxe. Nous avons le sentiment d'être lancé dans une sorte de fuite en avant dont le but est de faire toujours plus, toujours plus rapidement. La multiplication des livres et des articles sur la productivité personnelle est tout à fait symptomatique de ce malaise. Leurs auteurs clament bien haut pouvoir apporter une solution à ce nouveau mal du siècle pour les travailleurs et travailleuses des connaissances. Ce qu'ils proposent se révèle toutefois la plupart du temps extrêmement décevant. *Personal Kanban : Visualisez votre travail | Pilotez votre vie*, le livre de Jim Benson et Tonianne DeMaria Barry, fait exception à la règle.

Initialement d'un naturel plutôt désorganisé, j'ai cherché pendant une bonne vingtaine d'années la meilleure façon de faire face aux exigences d'une vie professionnelle très intense. Aussi ai-je commencé par explorer diverses méthodes de gestion du temps. Elles avaient en commun d'être excellentes en théorie, mais elles ne résistaient malheureusement pas à l'épreuve de la réalité et de la complexité de la vie. Il m'est devenu de plus en plus clair au fil des ans que vouloir gérer son temps était un peu comme de vouloir contrôler la mer alors que tout ce qu'on peut faire, c'est de surfer sur les vagues. J'ai ensuite utilisé pendant plusieurs années une méthode qui mettait, à juste raison, l'accent sur la gestion des flux de travail. Le catalogage systématique des projets et des tâches au moyen d'un jeu de listes m'inspirait un sentiment de contrôle. Il n'en restait toutefois pas moins que la multiplication des tâches s'accumulant dans de telles listes s'avérait décourageante à l'usage. L'absence d'un système permettant d'établir des priorités se faisait cruellement sentir. Je ne savais souvent plus par où commencer et je me sentais véritablement dépassé. Les résultats obtenus n'étaient ainsi clairement pas à la hauteur de la promesse ultime d'un flux de travail personnel s'écoulant harmonieusement.

C'est alors que j'ai découvert le livre de Jim Benson et Tonianne DeMaria Barry qui proposait un défi : celui d'oser la simplicité. Je dois admettre avec humilité que j'étais initialement sceptique et que je n'accrochais guère à l'idée de visualiser mon travail avec des feuillets adhésifs comme le suggéraient les auteurs. Je me suis dit en moi-même : « ce que je fais est beaucoup trop sophistiqué pour être réduit à un tableau rempli de feuillets adhésifs ». J'en suis toutefois arrivé à tenter l'expérience : après tout, certains développeurs de logiciels n'utilisaient-ils pas eux-mêmes le kanban pour gérer des projets complexes ? Je dois dire que j'ai été rapidement aussi surpris que séduit par l'amélioration quasi immédiate qui s'est produite.

Personal Kanban : Visualisez votre travail | Pilotez votre vie est un livre original, en ce sens qu'il présente une approche profondément nouvelle. Le *Personal Kanban* est d'une grande simplicité et repose sur deux règles, et seulement deux règles. L'une prescrit de visualiser son travail, le plus souvent au moyen de feuillets adhésifs ; l'autre de limiter en permanence son travail en cours, c'est-à-dire les tâches que l'on entreprend : en d'autres mots, terminer ce que l'on a commencé avant d'entreprendre autre chose. Aussi rien n'est-il plus facile que de se lancer dans la pratique de cette méthode — créer son tableau de Personal Kanban n'est l'affaire que de quelques minutes — pour voir par soi-même ce qui peut se produire. Il faut dire que l'on est rapidement surpris. Le simple fait de créer un tableau sur lequel on visualise ses tâches à accomplir permet d'y voir beaucoup plus clair. Le simple fait de limiter son travail en cours et de s'efforcer, autant que faire se peut, de finir les tâches que l'on a commencées avant d'en entreprendre de nouvelles — en d'autres termes « arrêter de commencer et commencer à finir » — permet à notre flux de travail de bien mieux s'écouler. Si commencer à utiliser le Personal Kanban porte ses premiers fruits en permettant de devenir plus productif très rapidement, ce n'est toutefois que le tout début d'un cheminement à plus long terme.

Une productivité accrue ne saurait en effet en aucune façon être une fin en soi. Cela ne devrait être qu'un moyen. Devenir initialement plus productif permet de se donner enfin le temps nécessaire pour réfléchir à comment amorcer une véritable démarche d'amélioration continue, qui seule permet de passer au niveau de performance supérieur. Aussi s'agira-t-il d'observer attentivement ce qui se passe en s'efforçant de mieux comprendre son travail. Des rétrospectives régulières permettent de tirer les enseignements qui s'imposent et de mener des expérimentations à petite échelle. Notre tableau de kanban personnel devient ainsi un véritable outil d'apprentissage sur notre travail. S'il est de bon ton de parler, le plus souvent sous un mode incantatoire, d'organisation apprenante, le Personal Kanban incarne une telle démarche, tant pour un individu que pour une équipe. La méthode est simple, en apparence presque trop simple, pourtant elle donne des résultats spectaculaires.

Le tour de force accompli par Jim Benson et Tonianne DeMaria Barry a été d'écrire un ouvrage qui est éminemment pratique, tout en introduisant d'une façon très habile les éléments de théorie indispensables qui sous-tendent leur démarche, d'une manière qui les rend facilement assimilables. La lecture de *Personal Kanban : Visualisez votre travail | Pilotez votre vie* se révèle un véritable plaisir intellectuel. Ce livre remarquable, on ne peut plus « pratico-pratique », s'efforce de promouvoir une dynamique dans laquelle action et réflexion vont véritablement de pair. En effet, le Personal Kanban facilite l'action, tout en plaçant l'esprit critique au centre même de sa démarche. S'il est des livres qui se lisent plume en main, celui-ci fait plutôt partie de ceux qui appellent une lecture expérientielle. Aussi invitons-nous le lecteur ou la lectrice à le lire feuillets adhésifs et feutre en main et à se lancer au fil de la lecture dans la conception de leur premier tableau de Kanban.

Pascal Venier

INTRODUCTION
LE PERSONAL KANBAN N'EST PAS UN CONCEPT NOUVEL-ÂGE

En rédigeant ce livre, j'ai fait très attention de ne rien écrire qui pourrait rappeler, de près ou de loin, le développement personnel *nouvel-âge*, les câlins gratuits ou encore la convergence harmonique. Je voulais que ce livre avant tout pratique soit amusant à lire, mais surtout ne pas promettre le Saint Graal de la gestion du temps. Vous ne trouverez ici aucune promesse de voyage dans un vaisseau astral ou de sanctification par le travail. Je ne suis pas un *soufi* de la croissance personnelle ni un pontife de la productivité. Je veux simplement que les gens prennent des décisions conscientes et bien informées à propos des tâches qu'ils entreprennent.

Vie professionnelle. Vie personnelle. Vie sociale. Elles sont souvent traitées comme des entités séparées. Il est toutefois de fait que ni nos vies ni nos pensées ne peuvent être ainsi cloisonnées. L'équilibre travail-vie relève d'une fausse dichotomie et il est impossible de compartimenter nos vies de la sorte bien longtemps. Faire entrer en compétition les éléments professionnels, personnels et sociaux de notre vie suscite des attentes et des objectifs difficilement conciliables. Compartimenter nos vies entraîne une situation quasi pathologique dans laquelle nous nous retrouvons bousculés par la nécessité impérieuse de satisfaire à des exigences contradictoires.

Un week-end de détente passé avec les êtres aimés, une pelouse parfaitement soignée, un plan d'affaires gagnant, une soirée impromptue à s'éclater en ville. Le temps de la famille, le temps du travail, les choses que l'on crée, celles que l'on apprécie : c'est vraiment ça la vie. C'est ce qui fait de vous qui vous êtes. Il en va de même pour moi. L'idéal serait de trouver un équilibre entre notre routine quotidienne, les obligations que nous pensons devoir satisfaire (mais que nous ne trouvons pas stimulantes) et les activités qui nous permettent de nous ressourcer et nourrissent notre âme. Ceci peut relever du défi, car l'argent est à la fois une nécessité et une distraction majeure.

La plupart d'entre nous passent au moins la moitié de nos heures d'éveil sur leur lieu de travail. Nous évaluons le travail en mesurant le temps : heures facturées, heures pointées et heures supplémentaires. Nous estimons notre temps de travail en fonction de sa valeur monétaire : taux horaire, soumissions de projet et majoration de 50 %. C'est avant tout en termes monétaires que nous raisonnons sur notre travail : nous travaillons parce que nous sommes payés. Lorsque les outils font défaut pour enrichir la relation que nous entretenons avec le travail, en ce qui concerne l'implication tout comme le contrôle, nous n'accordons pas suffisamment d'attention à ce que nous faisons. Nous envisageons alors le travail *seulement* en fonction de sa valeur monétaire. Lorsque le temps est fonction du revenu, plutôt qu'une valeur personnelle et professionnelle, nous devenons psychologiquement et affectivement détachés de nos actions.

Ce n'est pas la démarche que nous devons adopter, si nous voulons donner un but et un sens, tant à notre vie qu'à notre travail.

Autant comme manager que comme employé, j'ai été à même d'observer l'impact que pouvait avoir le fait d'échanger des heures de travail contre de l'argent, lorsque le moment était venu de remplir des feuilles de temps. « Qu'est-ce que j'ai donc fait mercredi dernier ? » devenait une plainte familière. Les gens travaillaient tellement dur pour finir leur travail qu'ils oubliaient ce qu'ils avaient accompli. Le temps manquait pour célébrer ses réalisations, ou même pour simplement remarquer le travail accompli.

Nous sommes tous coupables à cet égard, dilapidant notre temps précieux à essayer de nous en sortir. Nous nous donnons la permission de vivre à certains moments prédéfinis, plutôt que de vivre tout le temps.

L'épanouissement de soi ne devrait pas être considéré comme un plaisir coupable.

La situation suivante est assez commune. Nous allons au travail. Nous n'avons qu'une vision très fragmentaire de ce que nos collègues font. La réciproque est également vraie. Un travail nous est confié, mais nous ne comprenons que rarement pourquoi. Nous avons pourtant besoin de comprendre le *contexte* ; mieux nous le méritons. Nous dire ce qu'il faut faire, sans nous expliquer le contexte, relève d'un échec dans la communication. Nous ne pouvons pas prendre des décisions éclairées ou créer un produit de qualité sans comprendre au préalable le *pourquoi* de ce que nous faisons. Le manque de contexte est source de gaspillage. Il conduit à de longues journées de travail, à une planification médiocre et s'avère un obstacle au respect de nos engagements en dehors du bureau.

Je me suis tourné vers le monde de la productivité et de la gestion du temps dans l'espoir d'éviter ces erreurs courantes. J'ai vite découvert que si ces outils pouvaient être utiles, leur mise en œuvre était souvent aussi fastidieuse que compliquée. Utiliser de tels outils devenait vite une corvée. Ils prenaient beaucoup de temps, d'énergie et de concentration. Certains m'inspiraient même le sentiment d'avoir perdu le contrôle de ce que je faisais. Bien pires, mal adaptés à la collaboration, la plupart d'entre eux ne permettaient qu'un travail individuel. Ils ne me convenaient pas. Un outil doit vous donner le contrôle et non pas vous l'enlever.

Je voulais suivre et communiquer mes progrès au-delà des murs de mon poste de travail. Je voulais savoir où et quand je pouvais aider mes collègues. J'avais une soif de collaboration et d'efficacité, tant pour moi que pour mon équipe. Je voulais une carte de mon travail qui montrait non seulement les tâches au bureau, mais tout ce qui était important pour moi. Plutôt que d'être poussé par la vie, je voulais pouvoir tirer le meilleur de la vie.

J'appelais de mes voeux le Personal Kanban.

C'est un mécanisme simple et élégant qui produit des résultats spectaculaires. Il nous aide à nous gérer nous-mêmes, mais aussi à partager avec les autres notre travail, nos objectifs, ainsi que les moments de révélation que nous pouvons avoir. C'est un point de départ visuel vers l'efficacité personnelle, la collaboration spontanée et une vie pleinement intégrée. Il ne nécessite qu'un entretien minime, mais rapporte gros. Pas de cristaux, pas d'aromathérapie ! Juste vous, votre travail et une meilleure planification.

CHAPITRE 1
LES FONDAMENTAUX DU PERSONAL KANBAN

Hommes et femmes du vingt-et-unième siècle, est-ce que cela vous semble familier :

— finir un rapport pour votre patron ;

— soumettre votre déclaration d'impôts au comptable ;

— rencontrer un ami pour une partie de golf ;

— tailler un hortensia dans votre jardin ;

— assister au récital de votre fille ;

— téléphoner à votre mère puisque votre père insiste

(« Cela fait deux semaines, tu sais ») ;

— refaire l'émail de la baignoire de votre salle de bain ;

— passer du temps avec votre famille.

Confronté à des obligations sans fin, vous êtes débordé. Face à une telle avalanche de sollicitations, vous ne vous souvenez même plus si vous avez pris votre petit déjeuner. Vous vous demandez où vous allez pouvoir puiser l'énergie mentale nécessaire pour survivre aux deux prochaines heures.

N'y a-t-il rien de mieux ?

Toutes les choses que vous avez à faire ne sont au départ que des concepts. Il est difficile d'établir des priorités entre elles. Elles résistent à l'analyse. Ce qu'il vous faut, c'est une méthode vous permettant de littéralement *voir*, au milieu de tout ce chaos, le travail pertinent à effectuer au moment le plus opportun. Le Personal Kanban est une façon de visualiser le travail qui rend le conceptuel tangible. Il montre ce qui a besoin d'être fait, ce qui est terminé, ce qui est en retard et ce qui se passe à ce moment précis.

Il existe un concept d'art martial connu sous le nom de *Shuhari*. C'est un cycle d'apprentissage dans lequel on commence par apprendre les fondamentaux, avant de les remettre en question, pour finalement en arriver à trouver sa propre voie. Les livres sur l'efficacité personnelle ont tendance à prescrire à leurs lecteurs non seulement ce qu'ils doivent faire, mais aussi comment ils doivent le faire, sans jamais leur demander de bien réfléchir au *pourquoi* des choses. Ils cherchent des raccourcis pour une vie facile. La vie n'est toutefois pas comme cela. Elle est variable et change sans tenir compte de nos plans. Nos systèmes ont besoin d'être suffisamment flexibles pour s'adapter aux variations de la vie. Aussi nous efforcerons-nous dans ce livre d'expliquer tout à la fois les mécanismes du Personal Kanban et les principes sur lesquels il repose. Nous voulons que vous compreniez le *pourquoi* et pas seulement le *comment*. Vous pourrez par la suite découvrir par vous-même comment votre pratique du Personal Kanban trouvera sa place dans votre quotidien.

VERS UN KANBAN PLUS PERSONNEL

J'ai commencé il y a plus d'une décennie à explorer les façons de visualiser les charges de travail, tant la mienne que celles de mes équipes, pour mieux les gérer. De 2000 à 2008, mon partenaire William Rowden et moi-même étions à la tête d'une entreprise de développement de logiciels. Gray Hill Solutions créait des logiciels collaboratifs pour les services publics, surtout dans le domaine des systèmes de transport intelligents. C'est là que j'ai commencé à expérimenter en utilisant un certain nombre d'outils de visualisation et en particulier les listes de tâches, les cartes heuristiques (*mind maps*) et les cartes conceptuelles. Chacun de ces outils aidait à sa façon nos équipes à visualiser leur travail. Ils n'étaient toutefois pas sans faille. Ils pouvaient devenir rapidement trop encombrés, ne réussissaient pas à traduire l'urgence des tâches et étaient source de confusion quand des équipes étaient formées temporairement pour collaborer sur un projet particulier.

De tous les outils testés chez Gray Hill Solutions, les listes de tâches couvrant d'immenses tableaux blancs, allant du sol au plafond, se sont révélés les moins efficaces. Nous avons trouvé celles-ci bien plus infantilisantes et démoralisantes que motivantes. Elles ne 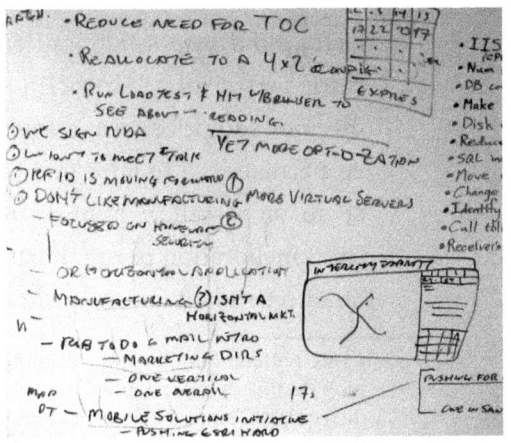 révélaient en effet que bien peu de choses en dehors du volume de travail auquel nous devions faire face. Nous avons pensé que c'était la faute du support utilisé. Comme nous voulions vraiment que les listes fonctionnent bien pour nous, nous nous sommes tournés vers les banques de données et les outils de gestion des tâches, y compris Microsoft Outlook. Le résultat restait malheureusement toujours le même. Les listes ne révélaient rien du contexte de notre travail. Elles ne permettaient aucune réorganisation ou révision des priorités. Elles cachaient même en fait les plus essentielles d'entre elles sous des piles de tâches d'une pertinence toute relative.

Nous avions besoin d'un système dynamique, qui nous aide à définir les priorités et nous montre sur quoi nous étions en train de travailler. Nous avons donc essayé de gérer plusieurs grands projets menés conjointement en utilisant une *mind map* partagée. Utiliser un tel outil visuel pendant nos réunions quotidiennes « debout » (*Stand ups*) de 15 minutes, nous a permis de gérer un *backlog* partagé, d'en tirer des tâches et de limiter notre *travail en cours*[1].

Cette *mind map* a fait assurément une forte impression sur le personnel de Gray Hill Solutions. Pour la première fois, nos équipes dispersées géographiquement pouvaient en permanence se faire une idée relativement précise de ce qui se passait. Si la *mind map* représentait clairement une amélioration par rapport à la liste de tâches, il manquait cependant encore quelque chose. Elle ne nous aidait

---

1 Une réunion quotidienne « debout » (Stand up) est une courte réunion destinée à faire circuler l'information sur les actions des membres de l'équipe. C'est probablement l'innovation la plus importante des méthodologies agiles. Pendant ces réunions de 5 à 15 minutes, les participants discutent de ce qu'ils ont accompli, des problèmes actuels (tâches bloquées, changement de contexte) et de la plus grande priorité du moment. Les tâches de la journée sont alors prises en charge en fonction des résultats de la réunion.

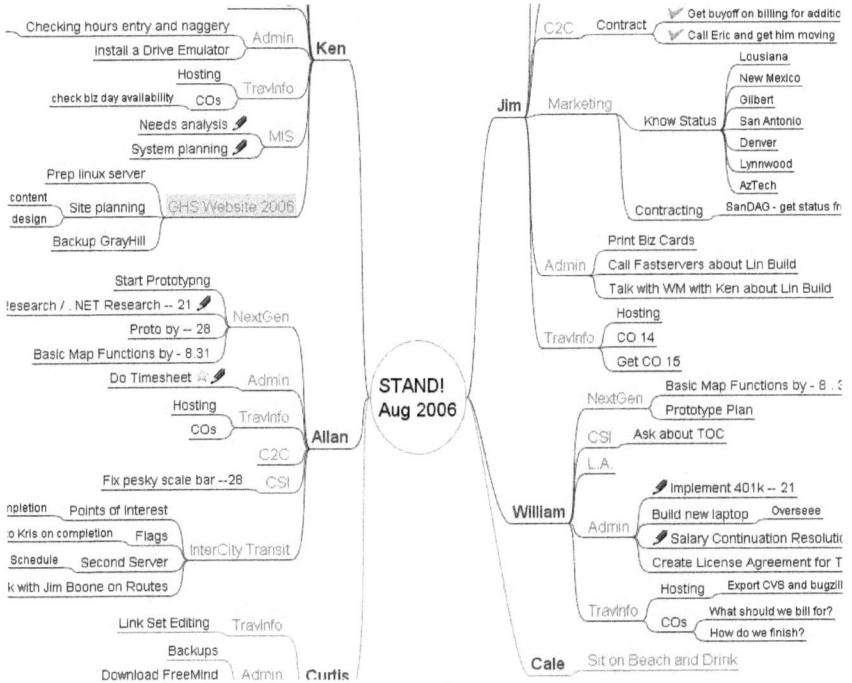

pas à accomplir les tâches ni à voir qui faisait quoi dans le travail qui était partagé. Son plus grand défaut était que l'information communiquée n'était pas bien mise en évidence. Elle était présentée sous forme de texte, en très petits caractères (8 points) sur des branches minuscules. Aussi était-il très difficile d'avoir une vue d'ensemble d'un seul coup d'œil. En tant qu'outil de gestion de projet, la *mind map* était utile, mais ce n'était pas le radiateur d'information que nous recherchions.

Quelques années plus tard, en 2008, j'ai lancé avec Corey Ladas et David Anderson une entreprise s'occupant de gestion collaborative, Modus Cooperandi. Mes deux partenaires avaient déjà utilisé des systèmes de gestion basés sur le Kanban pour le développement de logiciels chez Microsoft ainsi que Corbis, tout comme je l'avais fait chez Gray Hill Solutions[2]. Le Kanban nous permettait de visualiser l'état d'avancement du travail de notre équipe de développement à l'aide de feuillets adhésifs qui cheminaient le long d'une chaine de valeur. Une telle représentation graphique détaillait ainsi les différentes étapes du processus de développement de logiciels. Ce système était tout à la fois simple et efficace.

Le Kanban fonctionnait très bien pour gérer le développement de logiciels, bien mieux que toutes les méthodes que nous avions utilisées jusqu'alors. Centré sur le travail d'équipe, il augmentait la productivité et l'efficacité de façon spectaculaire. Notre utilisation du Kanban ne tenait cependant aucunement compte de quelque chose qui est capital : toute équipe est la somme de ses membres.

---

2 Sur les itinéraires personnels respectifs de Corey et de David dans le développement Lean de logiciels, voir Corey Ladas, *Scrumban : Essays on Kanban Systems for Lean Software Development*, Seattle, Modus Cooperandi Press, 2008 et David J. Anderson, *Kanban, enclenchez le moteur d'amélioration continue de votre IT*, Paris, Éditions Yisy, 2012.

Il restait encore à comprendre l'impact que les processus pouvaient avoir sur notre travail personnel.

C'est au sein de Modus Cooperandi que Corey et moi-même avons commencé à réfléchir à cette question et avons créé un kanban personnel afin de pouvoir visualiser et gérer le travail individuel des membres de notre équipe. Notre tableau était conçu spécifiquement comme un radiateur d'information. Nous voulions qu'il montre le flux de notre travail (même à distance), limite le travail en cours, mais aussi représente toutes les tâches et non pas seulement celles directement liées à la production de logiciels.

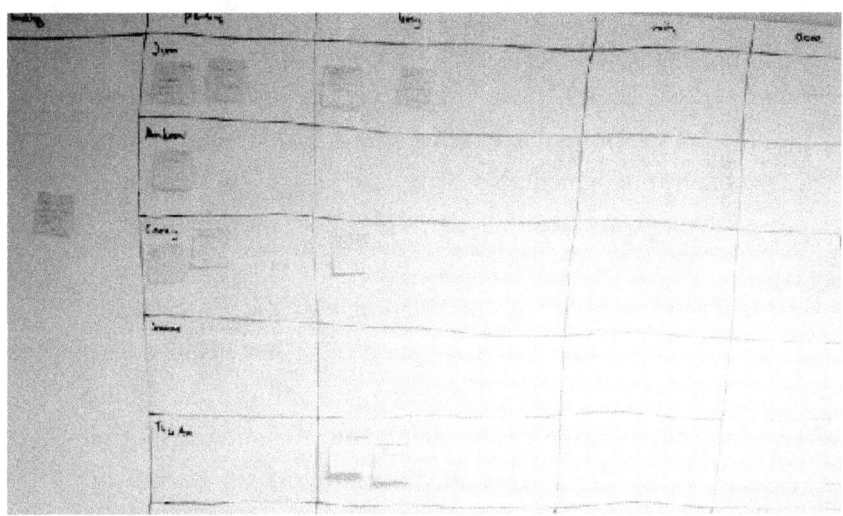

Nous avons accordé une grande attention aux nuances du tableau. Au cours de nos rétrospectives hebdomadaires, nous avons discuté de ce qui fonctionnait bien ou au contraire de ce qui ne marchait pas comme prévu. Nous avons essayé différents modèles de conception, explorant les façons dont cet outil fonctionnait de façon optimale pour un individu ou pour l'équipe tout entière.

Une chose était certaine : c'était devant notre tableau que nous ressentions le plus intense sentiment de concentration, d'enthousiasme et de camaraderie. Pour la première fois, nous pouvions visualiser notre travail — avoir une idée claire des relations et des contextes — et nous pouvions interagir avec celui-ci. Non seulement notre tableau témoignait de notre productivité, mais il favorisait également des conversations tout aussi riches et enthousiasmantes que riches d'enseignements. Il nous aidait à largement dépasser nos objectifs quotidiens, en nous ouvrant des perspectives tout aussi nouvelles que passionnantes.

Nous opérions sur la base de quelques principes empruntés aux modèles du *Lean Manufacturing*[3]. Nous visualisions l'ensemble du travail, limitions le travail en cours, repoussions les prises de décision jusqu'au dernier moment raisonnable et nous efforcions de nous améliorer continuellement. Nous avons appris que pour pouvoir contrôler son travail il fallait d'abord le comprendre.

Dans un contexte de production industrielle, l'objectif du kanban organisationnel est d'identifier visuellement comment la valeur est créée, en général afin de réduire le gaspillage et de concevoir un travail standardisé. Une telle démarche se révélait difficile dans un bureau où le travail des connaissances dominait, puisque c'est là un type d'activité dont la nature se prête bien mal à la standardisation[4].

---

3 On trouvera plus loin dans ce livre une discussion plus détaillée sur le Lean et ses relations avec le Kanban et le Personal Kanban.
4 Dans le travail standardisé, des processus rigides permettent d'accomplir une tâche et de créer un produit. Le travail des connaissances repose davantage sur l'intelligence que sur les muscles, les machines ou les chaines d'assemblages.

À force de tâtonnements, ponctués de moments soudains de révélation, nous avons fini par surmonter ces difficultés.

David quitta Modus Cooperandi pour créer sa propre entreprise à la fin de 2008. Corey partit en année sabbatique dans le courant de l'année de 2009. À peu près à la même époque, je me vis offrir la chance de travailler à long terme à Washington. Il était raisonnable de fermer le bureau. Après dix ans et deux entreprises, ce dernier était rempli de dossiers, de meubles et d'équipement de bureau.

Tout d'un coup, je devais jongler avec la gestion de propriétés, les démarches auprès des compagnies d'assurance, de téléphone et d'internet, la vente de meubles de bureau ainsi que la recherche d'un logement temporaire à Washington. Je n'avais que quelques semaines pour régler de telles questions de logistique, tout en continuant de répondre aux besoins des clients. Il n'était bien sûr pas possible de mettre ma vie personnelle entre parenthèses. Tout en déménageant à l'autre bout du pays, je restais responsable de mes deux propriétés dans l'État de Washington.

Malgré l'aide de quelques excellents amis, je me retrouvais avec beaucoup trop à faire. J'étais sollicité à un tel point, qu'entre les multiples entreprises, les clients et les propriétés, je risquais fort de perdre la raison. Cela révélait à quel point mes vies, aussi bien professionnelle, sociale que privée, pouvaient être enchevêtrées. La nécessité de venir rapidement à bout d'un *backlog*, qui était aussi disparate qu'écrasant, m'a soudainement révélé un certain nombre de choses :

- Les projets personnels apparaissent par surprise.
- Ils sont souvent de très courtes durées.
- Ils peuvent avoir leur propre visualisation, bien spécifique.
- Le travail personnel est souvent imprévisible ;
- il est souvent difficile à gérer.
- Le déléguer, le retarder ou l'ignorer est souvent impossible ; aussi la seule option est-elle donc de l'accomplir.
- Le contexte conditionne la définition des priorités dans le travail personnel.
- La définition des priorités dans le travail personnel intervient au moment de l'exécution.
- Les attentes des autres ne disparaissent pas simplement parce que vous êtes surmené.
- La vie professionnelle et la vie privée ne sont pas distinctes et ne devraient pas être séparées artificiellement.
- Les risques sont de natures intrinsèquement différentes pour un individu et pour une entreprise.

J'en suis arrivé à réaliser que, comme l'illustre cette photo, le travail personnel est *désordonné*. Le kanban « organisationnel » est utilisé pour rendre le travail plus prévisible grâce à la visualisation et à l'amélioration continue. Si le travail personnel peut être circonscrit et maîtrisé, il résiste toutefois à la standardisation. Aussi le Kanban « person-

OBJECT	ASSEMBLING	50	PROCESSING	COMPLETE	NOTE
3 ENTERPRISE CLAIM	X	X	X	////	
5 CANCEL WATER	X	X	X	//	
2 HEALTH INS	X	X	X	////	
4 ESTES PAYMENT	X				
1 JUNE BILLS	X	X	X	///	
10 CANCEL INTERNET					
8 STORAGE UNIT					
7 CRAIG'S LIST	X				

LIMITEZ VOTRE TRAVAIL EN COURS (WIP)

nel » avait-il besoin d'être suffisamment souple pour s'adapter à une charge de travail extrêmement variable et même chaotique.

J'avais besoin de mieux comprendre comment mon travail était mené à bien, tout en trouvant la meilleure façon de réduire mon stress. J'ai donc construit ce kanban que j'ai affectueusement surnommé « mon kanban à la con ». Je l'ai conçu en tenant compte de tout ce que je venais de comprendre. Il devait avant tout pouvoir gérer de façon élégante une charge de travail extrêmement variable et s'adapter à une limite de travail en cours en constant changement.

Et ça a marché !

En très peu de temps, j'ai accompli une quantité impressionnante de travail. Une fois terminé, je savais exactement ce que j'avais fait, combien de temps cela avait pris, quels obstacles m'avaient retardé et pourquoi. J'exultais.

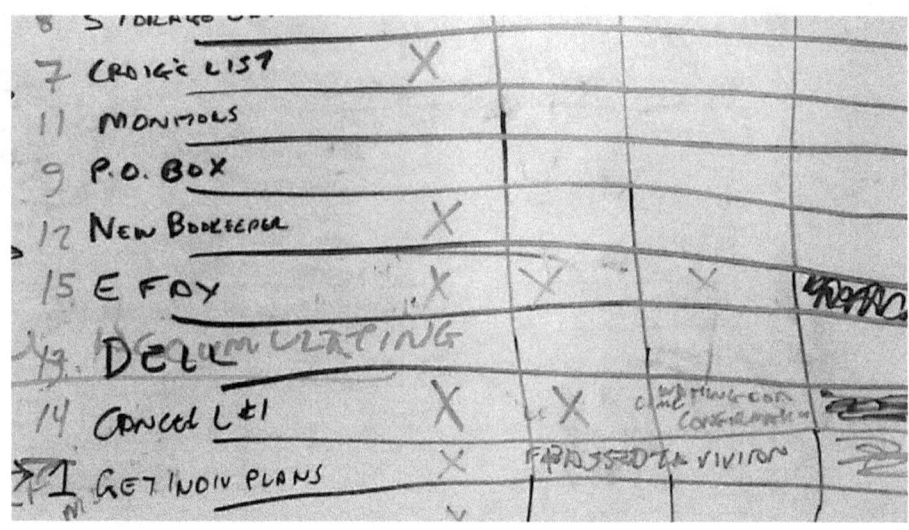

Mon kanban personnel m'avait montré exactement ce que j'avais fait ; *c'était complètement l'opposé de ne pas savoir ce qu'il faut mettre sur sa feuille de temps !*

Il est intéressant de remarquer au passage que si vous regardez attentivement le côté gauche de la grille de « *mon kanban à la con* », vous pouvez voir que j'ai donné au début à chaque tâche un ordre de priorité. En comparant avec ce que j'ai accompli, vous vous apercevrez que mes priorités initiales ont été rapidement chamboulées par les évènements. En fin de compte, établir des priorités de façon prématurée a été une perte de temps. Définir des priorités pour le travail personnel est éminemment contextuel. Voici un exemple révélateur : « Annuler MTI » était initialement programmée comme la tâche n° 14. Quelqu'un du ministère du travail et de l'industrie de l'État de Washington m'a appelé de façon inattendue un beau matin et l'essentiel de ce que j'avais besoin de faire avec eux a été facilement traité pendant cet appel. Le contexte avait changé et donc également la priorité.

Après mon arrivée à Washington, Tonianne DeMaria Barry et moi-même avons continué à utiliser et à tester le Personal Kanban. Nous avons également publié des billets de blogue sur notre expérience. Les approches que nous avons décrites s'inspiraient de celles que nous avions utilisées lorsque j'ai dû fermer à la hâte mon bureau, déménager à l'autre bout du pays et commencer à travailler pour de nouveaux clients.

Nous avons rapidement commencé à avoir des retours de la part de ceux qui, aux quatre coins du monde, lisaient notre blogue et avaient essayé le Personal Kanban. Certains l'utilisaient pour s'organiser à la maison ou pour suivre les progrès de leurs élèves en classe, alors que d'autres encore le faisaient pour gérer le traitement d'un membre de leur famille gravement malade.

Les occasions d'utiliser le Personal Kanban sur le plan professionnel se présentèrent rapidement. Notre travail avec la Banque mondiale améliora la souplesse du modèle du Personal Kanban. En planifiant son utilisation avec une équipe globale de scientifiques et de chercheurs, nous avons rapidement découvert que le Personal Kanban décrit dans la majorité de nos billets de blogue ne cadrait pas avec leurs besoins qui étaient uniques. Il leur fallait assurer le suivi de beaucoup plus que leur travail. Leur contexte exigeait qu'ils fassent toutes les 20 minutes le point sur l'évolution de certaines données en temps réel et les progrès accomplis tant individuellement qu'au niveau de l'équipe. Nous avons immédiatement créé une nouvelle visualisation de Personal Kanban pour afficher ces éléments et gérer leur flux de travail spécifique.

Le Personal Kanban doit continuellement s'adapter. Il se doit d'être un système qui n'aime pas les règles. Paradoxalement, c'est un processus qui a horreur des processus.

Est-ce vraiment possible ?

RÈGLES POUR UN SYSTÈME QUI N'AIME PAS LES RÈGLES

Les entreprises répondent à leurs besoins en cherchant bien trop souvent à se procurer des solutions « éprouvées », des processus standardisés, pour parvenir au résultat désiré. Ils appellent celles-ci « meilleures pratiques, » ce qui pour beaucoup se traduit par « ne me dites pas pourquoi quelque chose a marché, dites comment vous avez fait ». Les solutions toutes faites appliquées systématiquement ne respectent pas la spécificité d'un problème donné. Elles sont le comble de la paresse de la part des managers. Leur adoption donne souvent naissance à des

organisations professionnelles qui certifient un grand nombre de consultants faisant la promotion de processus universels qui conviennent à toutes les situations. Le résultat est que de bonnes idées initiales deviennent le dogme codifié et inefficace de tout un secteur.

Imaginez que je vous dise que j'ai une technique simple, ne prenant pas plus de dix minutes — ou, mieux encore, un programme de 12 mois — garantissant de remettre sur pied tout mariage qui bat de l'aile, simplement parce qu'elle repose sur les meilleures pratiques maritales. Ne seriez-vous pas sceptique ? Je suppose (et j'espère) que votre réponse se situerait dans la gamme comprise entre hautement et franchement outré. Instinctivement, nous comprenons que chaque relation connaît des hauts et des bas. À un niveau personnel, nous reconnaissons intuitivement que les variations sont toutes naturelles dans la vie.

Nous sommes conscients des variations lorsqu'il s'agit des relations interpersonnelles et les acceptons parfaitement. Pourquoi n'en est-il pas de même pour tous les autres aspects de la vie, y compris dans le monde des affaires ?

Ni nos vies ni notre travail ne sont pas figés. Le Personal Kanban s'adapte aux changements de notre contexte et nous encourage à innover et à nous montrer inventifs en réponse aux variations qui se présentent chaque jour.

Notre but avec le Personal Kanban est de dire *non* à ceux qui présument qu'ils ont déjà tout compris de notre travail. C'est aussi de dire *non* aux processus imposés qui limitent notre potentiel en suscitant l'espoir illusoire de pouvoir imposer la prévisibilité.

LES DEUX RÈGLES DU PERSONAL KANBAN

Règle n° 1 : Visualisez votre travail

Comprendre ce que nous ne voyons pas relève du défi. Nous avons tendance à concentrer notre attention sur les éléments de notre travail qui sont évidents (les échéances à respecter, les personnes impliquées, la quantité d'effort requis) alors que le contexte réel comprend des éléments plus larges, inattendus et nébuleux (le temps qui passe, les changements du marché, les implications politiques). Le fait de visualiser le travail nous donne une prise sur celui-ci. Quand nous voyons le travail dans ses différents contextes, les véritables arbitrages deviennent explicites. Nous avons une trace physique de tout ce qui sollicite notre temps. Cette vue d'ensemble de notre travail et de son contexte nous permet de prendre de meilleures décisions. Nous pouvons embrasser de tout cœur une tâche et en décliner une autre poliment.

Règle n° 2 : Limitez votre travail en cours (WIP)

Il est impossible de faire plus que ce dont nous sommes capables. Cela semble évident mais ne va pas de soi. Notre aptitude pour le travail est limitée par toute une série de facteurs : le temps dont nous disposons, le caractère prévisible de la tâche en question, notre niveau d'expérience pour ce type de tâches, notre niveau d'énergie et la quantité de travail que nous avons en cours en ce moment, etc. Limiter le WIP[5] nous donne le temps de nous concentrer, de travailler rapidement, de réagir calmement au changement et de faire un travail réfléchi.

Avec le Personal Kanban, les principes prennent le pas sur le processus. Aussi le processus se doit-il de changer en fonction du contexte. Que vous choisissiez d'utiliser un tableau blanc ou le dos d'une enveloppe, les principes de base — visualiser votre travail et limiter votre WIP — demeurent les mêmes et vous donnent un minimum de structure pour garder le contrôle de la situation.

Pensez à un kanban personnel comme à une carte dynamique et interactive reflétant fidèlement votre paysage personnel, avec ce qui vous excite, vous inquiète ou vous amuse. Il révèle où vous allez (vos objectifs, vos tâches à venir), où vous en êtes maintenant (ce que vous êtes en train de faire) et d'où vous venez (ce que vous avez fait, comment vous en êtes arrivé là).

Comme la plupart des cartes, un kanban personnel représente toute une gamme d'informations. Il montre :

---

5 Work in progress ou travail en cours en français.

- ce que vous voulez ;
- ce que vous faites ;
- la façon dont vous le faites ;
- les personnes avec qui vous le faites ;
- ce que vous avez terminé ;
- ce que vous n'avez pas encore fini ;
- avec quelle rapidité vous faites les choses ;
- ce qui cause vos goulots d'étranglement ;
- quand et pourquoi vous procrastinez ;
- quand et comment certaines activités vous rendent anxieux ;
- ce que vous pouvez promettre ;
- ce à quoi vous pouvez dire *non*.

Dresser la carte de notre travail nous permet de naviguer avec aisance. Celle-ci nous montre la direction que nous devons suivre pour atteindre notre destination. Elle nous dévoile également les caractéristiques du terrain, telles que les installations dont nous pourrons tirer parti ou les difficultés pouvant se présenter sur la route. Faire le relevé de notre contexte de travail (les gens, les lieux, les conditions, l'effort, les arbitrages), nous permet de voir clairement les options ouvertes. Nous commençons à comprendre nos prises de décisions et la façon dont nous pourrons les améliorer. Une telle vue panoramique nous permet de voir très clairement notre travail et d'identifier les lignes d'action les plus pertinentes.

POURQUOI VISUALISER VOTRE TRAVAIL : NAVIGUER EN TOUTE SÉCURITÉ

Vous montez dans votre voiture pour rendre visite à votre grand-mère. Vous ajustez votre siège et vos rétroviseurs. Vous démarrez et reculez pour sortir de chez vous. Négocier les rues de votre localité est une habitude bien ancrée : vous savez où se trouve la maison de votre grand-mère et vous connaissez le chemin le plus court et la façon la plus sûre pour vous y rendre. Vous faites ce trajet depuis 20 ans, pourtant vous continuez de vous fier à ce que vous voyez à travers votre pare-brise et aux instruments de votre tableau de bord. Vous surveillez votre vitesse à l'approche de l'école. Vous vous assurez que vous avez assez d'essence pour le retour.

Votre compteur et votre indicateur de carburant sont des « radiateurs d'information, » passifs mais indispensables, qui fournissent des données essentielles sur votre véhicule et le chemin que vous avez parcouru. Ces radiateurs d'information vous permettent de conduire votre véhicule et le chemin que vous avez parcouru. Ces radiateurs d'information vous permettent de conduire votre véhicule en toute sécurité et de naviguer efficacement vers votre destination.

Nous n'osons pas conduire sans regarder la route ou avoir l'œil sur notre tableau de bord. Pourtant, assez étrangement, nous gérons la plupart du temps notre travail à l'aveuglette. Nous ne visualisons pas les tâches et nous n'utilisons pas de radiateur d'information pour nous avertir quand notre travail menace de quitter la route ou nécessite une intervention. Au mieux, nous nous imposons des échéances à respecter que nous utilisons pour assurer un suivi de notre progression, même si celles-ci sont rigides et ne respectent que rarement notre contexte du moment. Basées sur des conjectures sur le futur, les échéances à respecter ne parviennent pas à tenir en compte l'information en temps réel.

Nous savons que notre voiture peut faire environ 650 kilomètres avec un plein et que nous en avons déjà parcouru 400. Nous réalisons que nous consommons plus en conduisent en ville que sur l'autoroute, mais aussi que manquer un changement d'huile peut affecter le rendement énergétique de votre véhicule. Même si nous pouvons estimer notre niveau de carburant d'après la distance parcourue, nous n'achèterions jamais une voiture sans indicateur de carburant. Sans pouvoir voir notre niveau de carburant en temps réel, nous risquerions de tomber en panne d'essence.

Les progrès de la technologie automobile étant ce qu'ils sont, nous disposons de plus de radiateurs d'information que jamais auparavant. Notre société est devenue plus exigeante en ce qui concerne nos machines. Nous attendons de nos voitures, de nos téléphones et même de nos appareils de cuisine qu'ils nous fournissent de l'information en temps réel. Nous devrions exiger qu'il en soit de même pour notre travail.

Un kanban personnel est un radiateur d'information pour notre travail. Il nous aide à comprendre en temps réel les effets et le contexte de notre travail. C'est là où les listes linéaires de tâches montrent leurs limites. Statiques et dénuées de contexte, elles nous rappellent de faire un certain nombre de tâches. Cependant, elles ne montrent pas la précieuse information en temps réel indispensable pour prendre d'excellentes décisions. Ce serait comme couvrir votre indicateur de carburant avec une note disant : « Faire le plein quand cela sera nécessaire ». Le message est là, mais l'information fait défaut. Un Kanban personnel nous donne non seulement le contexte, mais nous montre également dans quelle mesure ce dernier affecte notre aptitude à prendre des décisions.

POURQUOI LIMITER VOTRE WIP

L'histoire de Cookie et des grains de riz soufflés au chocolat

Lorsque j'étais jeune, j'avais une chienne qui s'appelait Cookie. C'est nous sur cette photo. Je suis à peu près sûr qu'elle a été prise en 1978, juste quelques semaines avant l'histoire que je vais vous raconter.

Cookie n'avait pas des goûts très raffinés et mangeait tout ce qu'elle pouvait trouver. Ma famille a d'innombrables anecdotes à ce propos. Si nous la laissions toute seule avec des objets qui faisaient deux à trois fois sa taille, nous n'en trouvions

plus aucune trace à notre retour. La seule explication possible était qu'ils avaient été dévorés par ce caniche à l'air innocent.

Un soir, mon frère Dave et moi regardions *L'Âge de cristal* à la télévision, tout en mangeant des grains de riz soufflés au chocolat à même la boîte. Deux enfants seuls à la maison dégustant leur « repas ». Cookie voulait bien évidemment la part qui lui revenait.

Qui pensions-nous donc être pour lui dénier ainsi un besoin des plus élémentaires ?

Quand Cookie voulait quelque chose, elle le faisait savoir. Elle faisait les grands yeux. Elle se mettait à courir en rond. Elle aboyait furieusement. Ce soir-là, Cookie ne semblait pas prête à abandonner la partie et serait probablement devenue folle si elle n'avait pas eu droit à sa dose de grains de riz soufflés au chocolat.

Alors je lui en ai envoyé un. Elle l'a attrapé.

Je lui en ai alors jeté un second. Elle l'a encore attrapé au vol et l'a avalé tout rond.

J'ai jeté le troisième directement sur elle, aussi fort que possible. Les sceptiques objecteront : « Voyons ! C'est un grain de riz soufflé au chocolat ! Impossible de lui donner beaucoup de vitesse de toute façon ! » Elle l'a encore attrapée.

J'ai continué en lui lançant deux, puis trois grains en même temps. Cookie réussissait à tous les attraper.

Finalement, j'ai pris une poignée de grains de riz que j'ai jetée sur elle. Cookie a paniqué. La gueule grande ouverte, elle a cherché du regard celui qui lui convenait le mieux, avant d'essayer de le happer. Se faisant, elle agitait follement sa tête. En fin de compte…

… elle n'a rien attrapé.

Je me souviendrai toujours des grains rebondissant sur son museau et sur son front. Mon frère trouvait cela vraiment drôle.

Nous avons recommencé à de nombreuses reprises. Nous avons essayé avec quatre, cinq puis six grains de riz soufflés. De quatre à six, elle réussissait quand même à en attraper quelques-uns, mais pas les autres. Il y avait toujours pour finir un déluge effrayant pour elle quand nous lui en lancions des poignées entières. Cookie devenait presque apoplectique et n'attrapait rien. Quant à nous, Dave et Jimmy, nous étions pliés de rire.

Quel est le rapport avec le Personal Kanban ?

Cookie avait une limite de WIP que l'on pouvait facilement démontrer avec des grains de riz soufflés au chocolat : cette limite était de trois.

POURQUOI CE NOM DE PERSONAL KANBAN ?

Pourquoi donc qualifier de « personnel » un kanban que nous utilisons avec notre famille, en classe ou avec une équipe ?

Le Personal Kanban permets d'assurer le suivi des choses qui sont importantes pour un individu donné : tâches, rendez-vous, petits projets. Leur taille, leur type et leur niveau de priorité sont très variables. Dans ce livre, nous utiliserons le terme de « travail » pour désigner toutes ces choses.

Le Kanban organisationnel assure le suivi de ce qui a de la valeur pour une organisation, généralement afin de créer quelque chose de tangible, comme un objet, un rapport ou un service précis. L'objectif est d'identifier un processus à la fois prévisible et pouvant être reproduit pour permettre de créer quelque chose, qu'il s'agisse d'un sandwich au pastrami ou d'un sous-marin nucléaire. Le Kanban organisationnel s'intéresse avant tout à la production standardisée, aux efficiences organisationnelles et à la réduction du gaspillage. Il prend un processus qui peut être répété et le reproduit, en le rendant chaque fois plus rapide et moins coûteux, tout en l'améliorant.

Les gens sont moins prévisibles que les organisations. Les personnes et les petits groupes — particulièrement ceux qui sont impliqués dans le travail des connaissances — sont souvent engagés dans des projets qui sont de nature exploratoire et créative. Le travail standardisé n'est pas nécessairement pertinent ici. Nous voulons comprendre la nature de notre travail, mais pas le contraindre dans un processus rigide. L'innovation repose sur l'inspiration et passe par l'exploration et l'expérimentation.

L'innovation nécessite de s'améliorer.

Comme nous l'avons déjà dit, le Personal Kanban, et par extension ce livre, reposent sur les principes et les techniques d'un concept de management connu sous le nom de *Lean*. C'est tout à la fois une philosophie et une discipline. En son essence, le *Lean* améliore l'accès à l'information pour favoriser les prises de décisions responsables afin de créer de la valeur. Avec un accès croissant à l'information, les personnes se sentent plus respectées et les équipes plus motivées, alors que le gaspillage est réduit. Une part importante de la réduction du gaspillage découle de l'objectif du *Lean*, qui est de tendre vers une culture *Kaizen*. Le *Kaizen* est une démarche d'amélioration continue caractérisée par la recherche de façons d'améliorer les pratiques qui fonctionnent les moins bien.

Le Personal Kanban facilite le *Kaizen*. Lorsque nous visualisons notre travail, nous adoptons une démarche *Kaizen*. Nous devenons moins complaisants et recherchons désormais activement les façons d'améliorer notre travail. Nos cerveaux détectent mieux les tendances au gaspillage et à l'inefficacité. Visualiser les tendances émergentes lorsque nous travaillons nous révèle les problèmes pouvant exister et facilite la recherche de solutions.

POURQUOI LE PERSONAL KANBAN FONCTIONNE-T-IL BIEN ?

Le Personal Kanban est d'une simplicité trompeuse : il s'agit de visualiser votre travail, limiter votre WIP et faire attention à ce qui se passe dans votre vie. La psychologie, la neuropsychologie, la sociologie, la théorie de l'éducation et la politique du Personal Kanban pourraient certainement susciter assez de discussion pour faire l'objet d'une série d'ouvrages. Ce livre est simplement une introduction et fournit l'information nécessaire pour vous lancer. Sans entrer dans le détail, jetons tout de même un coup d'œil sur certains des éléments de psychologie qui sont à la base même du Personal Kanban.

La compréhension

Ni notre mémoire ni nos listes de tâches ne gèrent bien notre travail. Les tâches, qui restent enchevêtrées dans notre cerveau ou dont nous dressons la liste au petit bonheur la chance, ne nous permettent pas de nous y retrouver. Par contre, lorsque nous pouvons représenter chacune de nos tâches sur un feuillet adhésif différent, notre charge de travail prend une forme physique. Elle devient tangible. Lorsque les feuillets adhésifs se déplacent sur notre kanban personnel, notre travail prend la forme d'un système simple et intelligible que nous pouvons gérer facilement.

La rétroaction kinesthésique n° 1 : apprendre

Avant même d'avoir appris à parler, le touché nous permet de découvrir, d'interagir et de comprendre le monde environnant. Nos expériences pratiques renforcent ce que nous apprenons. Les manipulations, les sensations et les interactions physiques transforment le travail de l'état de concept à celui d'expérience concrète. Prendre physiquement des idées abstraites et les transformer en objets tangibles (feuillets adhésifs) exerce une influence sur notre apprentissage, en améliorant notre compréhension tout en favorisant la mémorisation ainsi que la synthèse des compétences.

La rétroaction kinesthésique n° 2 : reconnaissance des tendances

Chaque fois que nous déplaçons un feuillet adhésif, une rétroaction kinesthésique s'opère : l'action de toucher est à la fois un élément de donnée et une récompense. Une succession régulière de ces mouvements suscite une cadence, un rythme de travail. La cadence crée une attente. Nous commençons à prendre conscience de certaines tendances (les types de tâches le plus souvent en retard, les tâches qui nécessitent une assistance extérieure), à établir des distinctions (le travail que nous aimons, les personnes avec lesquelles nous aimons travailler) et nous pouvons ajuster nos priorités en conséquence.

Le coût existentiel

Le travail qu'il nous reste à terminer ou tout autre aspect de notre vie qui accapare notre attention a un coût existentiel. Lorsque celui-ci augmente, notre efficacité diminue. Visualiser le travail réduit les distractions causées par ces coûts existentiels, en transformant des concepts flous en objets tangibles que notre cerveau peut facilement comprendre et classer par ordre de priorité.

Des récits et des cartes

Les feuillets adhésifs progressent sur notre kanban personnel en transformant le travail de l'état de données statiques à celui de récit riche en enseignements. « L'histoire » de notre travail n'a rien de nouveau : elle suit l'arc narratif universel commun à toutes les époques et à toutes les cultures. Trouvant sa source dans notre *backlog*, le travail chemine à travers les différentes étapes de notre chaine de valeur. Il se développe et est testé pour éventuellement trouver une résolution satisfaisante. Cet arc narratif est simple à décrire, mais ses personnages et les éléments de sa trame et de son intrigue sont aussi variés que la vie elle-même. Notre travail, c'est notre histoire, tout aussi intéressante qu'instructive.

Le Personal Kanban définit notre travail. Il lui donne forme en permettant à notre main et notre cerveau d'interagir. Grâce à lui, il est possible de nous impliquer physiquement et psychologiquement dans un cadre qui permet de comprendre simultanément ce que nous faisons, comment nous choisissons notre travail, avec qui et comment nous l'exécutons, et aussi — lorsque nous avons terminé — les implications des tâches accomplies. Une telle « histoire » est révélée par une carte de notre travail. Elle permet de structurer l'information. Si vous jetiez toutes vos tâches à terre, sans faire de distinction entre celles qui sont encore à faire, en cours, ou au contraire terminées, les éléments de cette histoire subsisteraient, mais pas sa structure. Le Personal Kanban fournit une telle structure, donnant une certaine cohérence à votre histoire.

COMMENT UTILISER CE LIVRE ?

Ce livre n'est ni votre mère ni votre père. Il n'est pas non plus votre patron ou votre maître.

Laissez-moi vous expliquer pourquoi.

J'ai travaillé pendant plusieurs années pour David Evans and Associates (DEA), un cabinet de consultants en ingénierie basé à Portland en Oregon. La direction de DEA prenait pour acquis que vous étiez un être humain pensant et attentif aux autres, mais aussi que vous pouviez vous gérer vous-même bien mieux qu'elle ne pourrait jamais le faire. Leur principe directeur était donc : « Nous trouvons des professionnels exceptionnels et nous leur donnons la liberté et le soutien nécessaire pour faire ce qu'ils font le mieux ». Cela m'a appris la différence entre le leadership et le contrôle[6].

Les bons dirigeants savent se montrer juste assez directifs pour donner une idée claire et cohérente de la vision

---

6 http://www.deainc.com/about.aspx

et des objectifs, sans jamais pour autant tomber dans le micromanagement. Ils s'assurent que les employés ont l'information nécessaire pour prendre des décisions pertinentes et savent ensuite s'effacer pour laisser celles-ci se prendre d'elles-mêmes.

Le Personal Kanban et ce livre s'inspirent d'une même philosophie. Ni l'un ni l'autre ne formulent des dictats ou des exigences. Il ne s'agit en aucune façon de pointer un doigt réprobateur : « *Ce n'est pas comme cela qu'on fait !* »

Ils entendent au contraire vous donner toute la liberté et tout le soutien dont vous avez besoin pour faire un travail exceptionnel.

Le Personal Kanban n'a que deux règles, il ne faut jamais l'oublier : *visualisez votre travail et limitez votre travail en cours (WIP)*. Pour le reste, gérer en fonction de votre contexte actuel. Vous pouvez créer vos propres modèles et chaines de valeur. Vous pouvez définir les priorités de la façon qui vous rend aussi efficace que possible. Vous pouvez procéder à différents types de rétrospectives, en fonction de ce qui se passe dans votre vie à ce moment-là. Vous pouvez changer souvent vos stratégies de travail et vous le ferez.

Ce livre est donc votre guide, votre tremplin, votre mentor. Ne le laissez *surtout* pas devenir votre Bible, votre sergent instructeur ou votre dictateur.

C'est *votre* vie. C'est *votre* travail. C'est *votre* Personal Kanban.

Visualisez votre travail.

Limitez votre travail en cours.

LES ASTUCES DU PERSONAL KANBAN

1. Un kanban personnel est un radiateur d'information pour votre travail.
2. Le coût existentiel augmente lorsque le travail reste conceptuel.
3. Visualiser rend le conceptuel tangible.
4. Nous ne pouvons pas faire plus de travail que ce dont nous sommes capables.
5. Limiter le WIP favorise l'exécution et la clarté.
6. Les systèmes flexibles s'adaptent aux changements de contexte.

CHAPITRE 2
CONSTRUISEZ VOTRE PREMIER KANBAN PERSONNEL

Venons en maintenant au kanban personnel, qui selon notre expérience, convient à la majorité des besoins. Son format épuré permet de faire tout ce qui est a priori nécessaire : visualiser le travail, limiter le WIP, suivre le flux de travail et faciliter la définition des priorités. Ce modèle très simple fournit un point de départ. Utilisez-le pour mieux comprendre votre travail. Ensuite, personnalisez progressivement votre approche pour l'adapter à votre réalité.

PREMIÈRE ÉTAPE : LA MISE EN PLACE

▶ *Je n'ai jamais conçu deux fois le même kanban* **(Corey Ladas).**

Pour construire votre premier kanban personnel, vous pouvez utiliser un tableau blanc, un tableau noir, un tableau d'affichage, un chevalet à feuilles mobiles, une feuille de papier, l'intérieur d'une chemise cartonnée, la fenêtre de votre bureau, la porte d'un réfrigérateur ou encore un ordinateur. Utilisez tout ce qui vous permettra de faire sortir de votre tête l'abstraction du « travail que j'ai à faire » pour lui donner une forme concrète. Il n'y a aucun processus à suivre de façon rigide, aucun produit officiel ou programme de certification. Tout ce que vous avez à faire, c'est d'installer votre kanban personnel quelque part où il sera facilement accessible et bien en évidence.

Je recommande néanmoins de commencer avec un tableau blanc, quelques marqueurs effaçables et un bloc de feuillets adhésifs.

Pourquoi ?

Un tableau blanc offre un parfait équilibre entre la permanence et la flexibilité. À mesure que la compréhension de votre travail évoluera, votre kanban personnel fera de même. Votre contexte sera différent. Le type de projets que vous faites changera. De nouveaux membres se joindront à votre équipe, alors que d'autres la quitteront. Vous aurez besoin d'adapter votre kanban personnel en fonction de tout cela. Vous créerez de nouveaux types de tâches. Vous ajouterez des étapes. Vous définirez la façon dont vous travaillez. Le tableau blanc permet d'en effacer et d'en réviser la configuration facilement en fonction de vos besoins.

Vous présumez certainement que vous connaissez déjà bien votre travail. Il n'en reste pas moins que vous n'avez probablement jamais vraiment vu votre travail en action jusqu'à maintenant. À peine avons-nous fini de concevoir les grandes lignes d'un projet, que nous commençons presque immédiatement à les réviser. J'ai observé un tel phénomène au niveau individuel tout comme au niveau collectif, avec des équipes ou bien même des entreprises tout entières. Chacun pense connaître son travail. Certains vont même jusqu'à s'offusquer : « Bien sûr que je comprends mon travail ! » Leur compréhension est immanquablement *presque* correcte.

Presque !

Une telle dissonance, en apparence mineure, est la source de toutes sortes de problèmes. Il est en effet difficile de planifier quelque chose sans le comprendre parfaitement. J'ai vu certains collaborateurs avoir de violentes discussions, simplement parce qu'ils avaient des conceptions légèrement différentes de la façon dont leur équipe créait de la valeur. Ils ne pouvaient jamais se mettre d'accord sur comment ils travaillaient ensembles. Tout ce qu'ils entreprenaient reposait sur des analyses divergentes du contexte dans lequel ils opéraient. Aussi y avait-il donc toujours quelque chose qui clochait — au mieux légèrement — dans leur planification.

Éliminons donc un tel décalage. Efforçons-nous de vraiment comprendre comment nous travaillons pour pouvoir prendre des décisions solidement étayées. Il convient de ne pas perdre de vue que le Personal Kanban est un système évolutif. À tout changement de votre contexte correspondra un changement de votre travail. Plus vous utiliserez votre kanban personnel et plus il vous sera nécessaire de l'adapter à la situation qui se présentera.

Voici la liste du matériel dont vous aurez initialement besoin :

- un tableau blanc ;
- des crayons-feutres permanents et d'autres effaçables ;
- des feuillets adhésifs.

DEUXIÈME ÉTAPE : ÉTABLIR VOTRE CHAINE DE VALEUR

▶ **Chaine de valeur : le flux du travail de sa phase initiale à son achèvement.**

Avec le Personal Kanban, vous dessinez une carte de votre travail. Le paysage représenté est votre chaine de valeur. Une chaine de valeur représente le flux de votre travail de sa phase initiale à son achèvement.

La chaine de valeur la plus simple comprend **PRÊT** (travail en attente de traitement), **EN COURS** (travail en cours) et **FINI** (travail achevé).

Un kanban personnel tient compte des variations de la vie. Les tâches varient considérablement non seulement en taille, en urgence, en implications, mais aussi en fonction des parties prenantes, telles que votre patron, votre conjoint, vos amis ou bien encore vous-même. Avec une telle variété, le contexte de votre travail n'est pas toujours évident à cerner.

Un kanban personnel vous aide à comprendre un tel contexte. Il vous aide à appréhender votre travail et à comprendre pourquoi vous le faites. Avez-vous besoin d'étapes supplémentaires pour accomplir une tâche ? Pas de problème : la flexibilité d'un kanban personnel (et de ses feutres effaçables) vous permet d'adapter votre chaine de valeur en conséquence.

TROISIÈME ÉTAPE : ÉTABLIR VOTRE BACKLOG

▷ **Backlog : le travail que vous n'avez pas encore fait.**

Toutes ces choses que nous avons à faire, c'est notre backlog. Lorsqu'il est mal défini, il peut peser lourd sur nos épaules.

Il nous empêche souvent de respirer, comme si une tonne de briques nous comprimait la poitrine. Le *backlog*, c'est le monstre qui se cache sous notre lit et nous empêche de bien dormir la nuit. Il rôde derrière chaque réalisation, susurrant à notre oreille : « Pas le temps de fêter ça ; tu as tellement d'autres choses à faire ! »

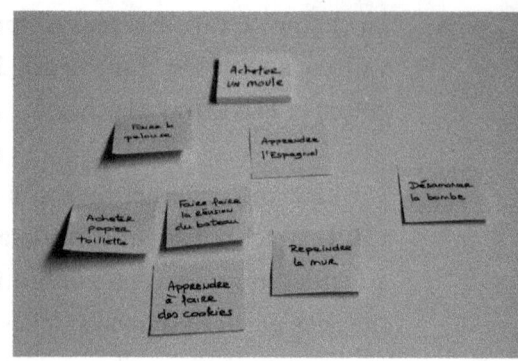

Nous avons tous tendance à craindre ce que nous ne comprenons pas. Dans un tel cas, nous n'arrivons pas à nous débarrasser d'une telle crainte. Lorsque notre *backlog* — la somme de nos objectifs personnels et de nos attentes — n'est pas clairement défini, en vertu de cette tendance très humaine à craindre l'inconnu, nous risquons bien d'en arriver à avoir peur de notre propre succès.

Quand notre *backlog* est ambigu et n'a pas une manifestation physique, nos décisions sont rarement ancrées dans la réalité. Plutôt que de nous laisser guider par nos émotions, il est préférable de prendre des décisions éclairées ; pour ce faire, nous avons besoin de voir clairement notre travail.

Commencez par dresser l'inventaire de votre *backlog* en établissant la liste de toutes les choses à faire sur des feuillets adhésifs. *Toutes :* petites et grandes ! Ne laissez rien de côté ! Ne les rangez pas dans un dossier étiqueté *demain* que vous vous empresserez de mettre de côté ! Ne vous mentez pas à vous-même ! Tapissez toute la pièce avec des feuillets adhésifs si nécessaire ! Vous devez faire face au monstre que représente votre travail avant de pouvoir commencer à le dompter.

Plus tard, vous pourrez noter des tâches multiples sur un seul feuillet adhésif ou grouper le travail par couleur pour le rendre plus facile à gérer. Pour l'instant, votre seule préoccupation doit être d'extraire toutes ces tâches de votre cerveau. Cette première expérience peut vous faire éprouver un certain malaise. Il est tout naturel de ressentir un moment de panique, pendant lequel vous vous direz : « Je ne pourrai jamais faire autant de travail ! » Cette étape est pourtant incontournable. Elle est indispensable pour arrêter de se cacher la tête dans le sable et reconnaître le besoin de mieux comprendre son travail pour éviter de souffrir inutilement.

Une fois votre *backlog initial* établi (eh oui : d'autres tâches s'y ajouteront), placez ces feuillets adhésifs à côté de votre tableau. Pensez-vous qu'il y en ait trop ? Ce n'est pas grave. Il faut faire face à la dure réalité. Nous envisagerons plus tard les façons de gérer votre *backlog* ; pour l'instant, admirez-le dans toute sa splendeur.

Décidez maintenant quelles tâches ont besoin d'être faites en premier, et déplacez-les dans votre colonne **PRÊT**. Vous pouvez décider d'une limite pour votre colonne **PRÊT,** si vous le souhaitez. Sinon, vous pouvez la remplir ou la configurer de la façon qui vous conviendra le mieux.

QUATRIÈME ÉTAPE : ÉTABLIR VOTRE LIMITE DE WIP

▶ **Limite de WIP (ou de travail en cours) : la quantité de travail que vous pouvez gérer à un moment donné.**

Quel que soit notre niveau de motivation, nous nous rendons tous coupables de laisser les tâches à moitié, ou même presque, terminées, sans qu'elles le soient vraiment. Nous ne le réalisons souvent pas, parce que nous n'avons pas assez fait attention à notre travail. Si nous ne visualisons pas celui-ci, nous ne voyons pas les tâches inachevées s'accumuler. Il devient donc presque impossible de comprendre pourquoi il reste encore tellement de tâches à compléter. Nos cerveaux ont horreur de cela, car ils ont soif de clôture.

Sans blague : c'est vrai !

Le psychologue soviétique Bluma Zeigarnik a découvert que le cerveau humain avait besoin de clôture. Ce phénomène — connu sous le nom d'« effet de Zeigarnik » — énonce que les adultes se souviennent presque deux fois plus des tâches ou des actions interrompues ou incomplètes que de celles qu'ils ont menées à leur terme. Avec sa tendance à rechercher des formes pour le traitement de la signification, le cerveau devient obnubilé par les bribes d'information manquantes. Les tâches inachevées retiennent ainsi son attention, causant l'intrusion de pensées qui s'avèrent un obstacle à notre productivité et augmentent le risque d'erreur.

La suite au prochain épisode !

Est-ce que vous programmez parfois votre appareil numérique pour enregistrer le prochain épisode de votre série télévisée préférée ? Est-ce que vous restez pour découvrir quel est le dernier gadget à la mode offert — *gratuitement !* — lorsque l'annonceur publicitaire déclare : « Mais attendez, il y a plus » ?

Ne vous demandez-vous pas ce que vous avez manqué lorsque vous ne faites ni l'un ni l'autre ?

Notre besoin cognitif de combler ces petites bribes d'information manquantes nous fait nous poser longtemps la question. Qu'il s'agisse d'un personnage de télévision, d'une publicité ou bien encore d'un projet d'aménagement de la maison que nous avons laissé à moitié fini l'été dernier, notre voix intérieure nous rappelle constamment que nous n'avons toujours pas terminé ces tâches, qu'il manque quelque chose. L'effet de Zeigarnik est la source d'une tension mentale née de l'interaction négative entre les anxiétés ou les inquiétudes qui sommeillent dans notre psyché. Elle provoque une réaction d'angoisse qui peut perturber notre sommeil, avoir un impact sur notre santé et même, pour certains, devenir psychologiquement ou physiquement débilitante. Nous venons de discuter de ce coût existentiel qui nous rend moins efficaces. Visualiser le travail et limiter le WIP neutralise cette surcharge cognitive induite par l'effet de Zeigarnik, dissipe l'incertitude et favorise le suivi du travail.

Un kanban personnel fournit une rétroaction kinesthésique, visuelle et narrative. L'action de déplacer un feuillet adhésif dans la colonne **FINI** est à la fois kinesthésique, visuelle et narrative. Elle répond au besoin de clôture de votre cerveau et vous procure donc un sentiment de plaisir. Vous savez que votre travail est terminé et vous pouvez vous concentrer sur votre prochaine tâche. Travailler de cette façon est extrêmement satisfaisant et renforce l'estime de soi. Mener une tâche jusqu'au bout avant d'en entreprendre une nouvelle devient une véritable drogue, un trait de comportement et éventuellement une habitude.

Quelle est donc la façon la plus facile et la plus efficace de mener à bien ces tâches ? Passez-les en revue. Débarrassez-vous en l'une après l'autre. Finissez le travail.

« Mais comment ? Il y a tellement de choses à faire ! »

Une première phase dans cette bataille est de limiter le nombre de tâches à terminer à un moment donné. C'est notre travail en cours, notre WIP.

Flameau le jongleur ou de l'importance de limiter le WIP

C'est le dernier week-end de l'été. Flameau, le jongleur de torches bien connu, a aussitôt fait de déballer ses accessoires qu'un attroupement commence à se former. Il est précédé par sa réputation. Avant même que son assistante Flamette n'allume la première torche, des spectateurs enthousiastes commencent à jeter des pièces dans son chapeau, en attendant d'être éblouis par la promesse d'un « final sans précédent ».

Flameau enlève sa cape et avec un regard assuré commence son spectacle. Bien concentré, il attrape chacune des torches que Flamette lui lance. Une, deux, trois torches enflammées : Flameau jongle calmement. Deux torches : c'est facile. Le faire avec trois, c'est tout naturel pour lui. Son sens du rythme est parfait. Sa coordination est sans faille. Son audience se pâme.

Flameau a tôt fait de maintenir en l'air quatre, puis cinq torches. Il commence à montrer le plus imperceptible des signes de tension. Les douzaines de spectateurs captivés ne le remarquent même pas. Éblouis par ce qui se déroule devant eux, ils sont dans l'attente de ce qui va suivre. Le suspense continue à augmenter.

Il maîtrise bientôt six, puis sept torches. Les rides qui se forment sur son front commencent toutefois à démentir l'apparente confiance de l'artiste. À mesure que la pression mentale s'élève, des anxiétés qui sommeillent habituellement dans les profondeurs de sa psyché commencent à resurgir.

« — Et si Flamette voulait que j'échoue ? »

« — Il y a peut-être bien une raison pour laquelle Lisa ne m'a pas envoyé un texto comme d'habitude pour me souhaiter une bonne journée. »

Son esprit vagabonde en pensant à sa petite amie.

« — Et si je ne suis pas accepté dans ce programme de MBA, je devrai continuer à faire le saltimbanque pour le restant de mes jours ! »

Il s'inquiète désormais de son avenir.

Flameau jongle maintenant avec huit torches. Ses mouvements, qui étaient fluides au début, sont à présent saccadés, paniqués même. Anxieux, agité, il est clairement en train de s'effondrer.

Tout à coup, un instant après avoir attrapé la neuvième et dernière torche, Flameau rate une passe et s'enflamme. Les torches volent dans la foule comme des flèches de feu. La foule s'écarte en criant. Sa carrière de jongleur part pour ainsi dire en fumée.

L'histoire de Flameau montre l'importance de limiter le WIP

Que nous enseigne l'histoire de Flameau ? S'il est facile de jongler avec quelques torches, cela ne veut pas dire pour autant que le jongleur a une capacité infinie qui lui permet d'en ajouter indéfiniment une de plus. Cela suggère également que jongler à la limite du point de rupture n'est vraiment pas une bonne idée. Comme nous l'avons observé avec Cookie, plus vous arrivez près de la limite de votre capacité, plus le stress sollicite les ressources de votre cerveau et plus votre performance s'en ressent. Le nombre de torches est ainsi passé de trois (simple), à quatre et cinq (moins facile), à six et sept (déstabilisant) et finalement à huit (point de rupture). Le stress a ainsi atteint les profondeurs de la psyché de Flameau. Il a réveillé des souvenirs pénibles qui se sont transformés en WIP en se combinant à ses insécurités et ses angoisses. Les moments de stress accru peuvent ainsi insidieusement se traduire par plus de WIP que nous ne le réalisons. C'est parce qu'au-delà du travail supplémentaire, nous devons également faire face à nos propres anxiétés. Qu'il s'agisse d'attraper des grains de riz soufflés au chocolat, ou bien de torches enflammées, accroître la charge de travail de façon linéaire augmente le risque d'échec de façon exponentielle.

Les jongleurs eux-mêmes ne peuvent contrôler qu'un certain nombre de choses simultanément. Plus nous entreprenons de travail, moins nous contrôlons ce qui se passe et plus nous sommes stressés. Des recherches ont montré qu'il était impossible de parvenir à une efficacité maximum en faisant du multitâche. Tout au contraire, limiter son WIP et se concentrer sur la tâche que l'on exécute permet une efficacité maximum.

Les insécurités de Flameau vis-à-vis de sa petite amie Lisa n'étaient pas nouvelles. Elles étaient déjà là, dormantes, attendant de refaire surface au premier signe de stress. Le coût existentiel lié à ses doutes était bien contrôlé tant que son esprit n'était pas trop occupé et pouvait les traiter silencieusement, en arrière-plan. Malheureusement, lorsque Flameau a trop forcé la note, il est devenu impossible de trouver un coin vide pour y repousser ce coût existentiel ; il n'y avait tout simplement plus d'espace libre.

Le Personal Kanban nous aide à trouver ce juste équilibre, ce point où nous pouvons faire la quantité optimale de travail à un rythme tout aussi optimal. C'est le cas lorsque nous pouvons gérer notre travail tout en conservant suffisamment de capacité inemployée pour nous occuper des autres aspects de notre vie. Le nombre trois représentait ce juste équilibre tant pour Cookie que pour Flameau.

Pour trouver le juste équilibre dans votre travail, il faut commencer par définir une limite de WIP arbitraire : disons pas plus de trois tâches. Ajoutez ce nombre à votre colonne **EN COURS**. Assurez-vous de commencer avec un nombre réaliste qui vous permettra de respirer et attendez-vous à voir cette limite changer. Les jours où vous vous sentirez motivé et plein d'énergie, votre capacité de WIP augmentera. Par contre, en présence d'une urgence qui demandera toute votre attention, il sera nécessaire de diminuer votre limite de WIP. Comprendre votre capacité vous permettra de faire face aux défis, quel que soit le contexte du moment. Notre kanban personnel reflète comment nous réagissons dans chaque situation. Il nous montre ce qu'il faut faire pour être efficace.

CINQUIÈME ÉTAPE : COMMENCER À TIRER LES TÂCHES

▸ **Tirer : mettre une tâche dans la colonne EN COURS quand vous avez la capacité de le faire.**

Vous venez donc de concevoir votre kanban personnel. Vous avez une chaine de valeur, un *backlog* et une limite de WIP.

Le moment est venu de tirer.

Chaque fois que vous tirez une tâche de **PRÊT** vers **EN COURS**, vous définissez des priorités en fonction de votre

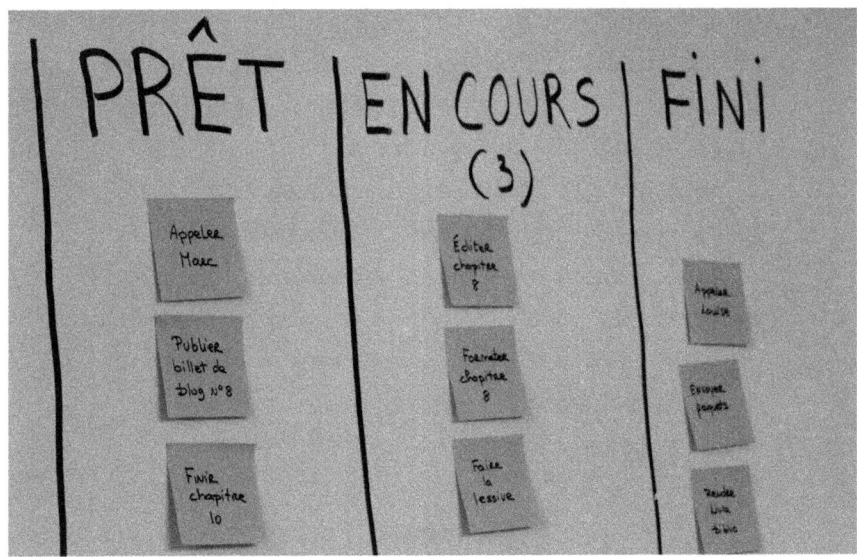

contexte actuel. Quand vous travaillez, efforcez-vous de toujours trouver des façons de tirer plus efficacement. Posez-vous les questions suivantes : « Quelle est la tâche la plus pressante ? » « Quelles tâches est-il possible d'accomplir avant d'aller à cette réunion ? » « Quelles tâches peuvent être groupées ? »

En gardant à l'esprit toutes ces questions, plongez dans votre **BACKLOG** et tirez quelques tâches vers **PRÊT**. En fonction de votre contexte, tirez ensuite les tâches de plus haute priorité vers **EN COURS**. Ne tirez pas plus que votre limite de WIP ne vous le permet. Quand vous accomplissez une tâche, tirez la vers **FINI**.

Tirer les tâches est aussi simple qu'important. L'acte physique de déplacer les feuillets adhésifs le long de la chaine de valeur pour changer leur statut répond au besoin de clôture de votre cerveau. C'est l'expression kinesthésique de l'exécution, l'antidote à l'effet de Zeigarnik.

Le Personal Kanban est un système de travail à flux tiré. Nous tirons les tâches dans la colonne **EN COURS** seulement quand nous avons assez de place pour nous en occuper. Tirer le travail est un acte bien réfléchi. C'est quelque chose de très différent de la façon dont le travail est habituellement « poussé » vers nous. Dans un système à flux poussé, quelqu'un nous dit non seulement ce qu'il faut faire, mais aussi quand le faire, sans tenir le moindre compte de votre charge de travail ni de si c'est vraiment la tâche prioritaire à ce moment-là.

SIXIÈME ÉTAPE : RÉFLÉCHIR

Après quelques jours, votre colonne **FINI** devrait commencer à être bien remplie. Cela montre que vous avez été productif. Le Personal Kanban ne s'arrête toutefois pas là. Le moment est maintenant venu de vérifier si vous avez été efficace. Prenez un moment pour réfléchir aux questions suivantes :

- Quelles tâches avez-vous particulièrement bien exécutées ?
- Quelles tâches vous ont-elles procuré un sentiment de bien-être personnel ?
- Quelles tâches avez-vous eu de la difficulté à terminer ?
- Est-ce que les tâches pertinentes ont été accomplies en temps utile ?
- Est-ce que les tâches complétées apportent de la valeur ajoutée ?

Demandez-vous ensuite *pourquoi*.

Félicitations ! Vous venez de compléter votre première « rétrospective ». Une rétrospective est une boucle de rétroaction. Grâce à elle, vous pourrez réfléchir à ce que vous avez fait, pour quelles raisons, de quelle façon, ainsi qu'à ce que vous faites le mieux et aux façons de vous améliorer.

AMÉLIORER SON TABLEAU DE KANBAN PERSONNEL

Voici maintenant quelques techniques facultatives qui vous permettront de rendre votre kanban personnel encore plus efficace.

Chaque individu et chaque équipe ont des façons de travailler qui leur sont propres.

Quand vous commencez un projet qui est suffisamment gros pour justifier un kanban personnel spécifique, demandez-vous tout d'abord : « Comment ce projet se déroulera-t-il de façon optimale ? »

Considérez le scénario suivant : vous faites partie d'un groupe de travail préparant une demande de financement. Vous avez organisé votre équipe et chaque membre est responsable de la rédaction d'une section. Lorsque celles-ci sont toutes rédigées, le groupe les édite et finalise le document. La chaine de valeur pour ce projet pourrait être la suivante :

BACKLOG → ÉCRITURE → RÉVISIONS → ÉDITION DU TEXTE → DERNIÈRES CORRECTIONS → VERSION FINALE → FINI

Recherchez les étapes prévisibles du travail même pour de petits projets et assurez-vous que votre kanban personnel tienne bien compte de chacune d'entre elles. De même, votre tableau doit refléter les circonstances dans lesquelles quelqu'un d'autre est responsable d'une étape de votre travail ou encore contrôle partiellement celle-ci.

Pourquoi ?

Lorsque c'est le cas, des retards ou du gaspillage risquent de s'immiscer dans votre processus. Quand le travail avance jusqu'à un certain point puis stagne, nous sommes en présence d'un « goulot d'étranglement », une contrainte qui empêche le travail d'avancer. Vous voulez pouvoir visualiser de tels goulots. Lorsque vous observerez votre travail progresser le long de votre chaine de valeur, vous pourrez ainsi identifier où votre travail avance en douceur, ralentit au contraire ou encore s'immobilise.

Deux options de base pour un kanban personnel

Notre kanban personnel chez Modus Cooperandi a simplement trois colonnes pour nous aider à organiser notre travail et à établir des priorités. Nous reviendrons plus tard plus en détail sur la définition des priorités (c'est-à-dire les différentes façons de choisir le travail pertinent au bon moment) et sur les modèles de conception (c'est-à-dire les différentes façons de visualiser le travail). Comme nous venons de le voir avec le flux de travail pour la préparation d'une demande de financement, les chaines de valeur peuvent devenir complexes. nous sommes toutefois capables de nous adapter à une telle complexité.

Pour l'instant, contentons-nous de voir ce que cela donne quand nous ajoutons deux colonnes supplémentaires à notre chaine de valeur de base, c'est-à-dire

PRÊT → EN COURS → FINI

Ces deux colonnes sont facultatives : utilisez-les si vous le souhaitez, mais seulement si vous pensez qu'elles sont adaptées à votre contexte.

Le parking

Dans le meilleur des cas, nous choisissons une tâche, nous l'exécutons, puis nous tirons la suivante et ainsi de suite. Dans la réalité, le travail personnel n'est toutefois pas aussi clairement délimité. Il n'est pas toujours possible d'être autonome. Pour pouvoir accomplir certaines tâches, nous sommes tributaires de la contribution de tiers, de la livraison de matériel ou encore de retards.

Mettez donc de côté les tâches qui ne sont pas encore terminées, mais qui ne peuvent pas aller de l'avant, dans une

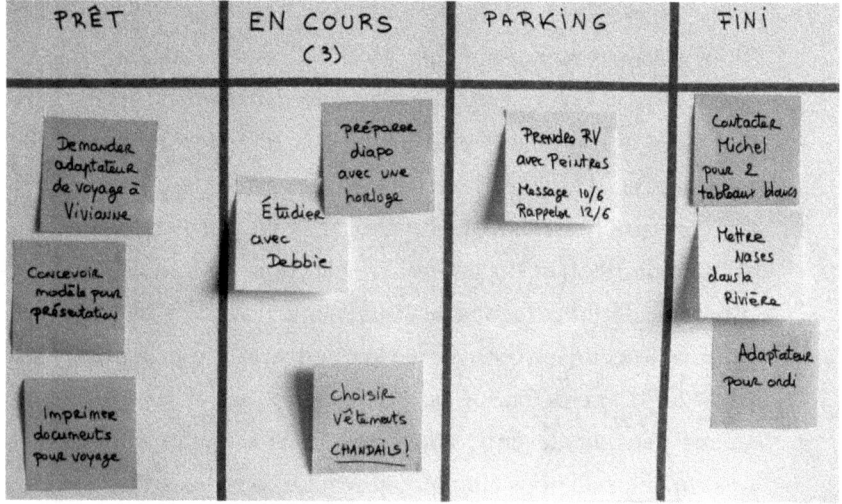

colonne intitulée **PARKING**. Ces tâches attendent une action supplémentaire dont vous n'avez pas le contrôle. Prenons l'exemple d'une tâche qui serait « Prendre rendez-vous avec le peintre ». Vous pouvez prendre cette tâche dans la colonne **PRÊT**, la tirer dans **EN COURS**, et appeler le peintre. Mais il est 18 h 30, donc après ses heures de travail, aussi laissez-vous un message sur sa boîte vocale.

Si votre limite de WIP est de trois tâches, et que vous laissez trois messages sur des boîtes vocales, soudainement vous ne pouvez plus travailler. Vous avez atteint votre limite de WIP.

Vous voulez vous assurer que les tâches que vous placez dans la colonne **PARKING** sont véritablement dans l'attente de quelque chose. Si vous vous sentez bloqué dans une tâche qui ne nécessite pas d'assistance externe, résistez à la tentation de la mettre dans la colonne **PARKING**. Il est alors préférable de tout simplement vous efforcer de la terminer. Si vous êtes vraiment bloqué, demandez à un ami ou à un collègue de vous aider. Dans le cas contraire, vous risquez d'encombrer la colonne **PARKING** avec toutes les tâches qui sont source d'une certaine anxiété.

Pendant que vous mettez temporairement de côté des tâches au **PARKING**, gardez en tête que faire la clarté demeure bien l'objectif. Vous voudrez ajouter un rappel tel que « Message laissé sur la boîte vocale le 10 juin. Appeler le 12 juin pour un suivi ». D'une telle façon, lorsqu'une tâche glisse en dehors de votre travail en cours, vous vous assurez que vous ne l'oublierez pas. Il est essentiel de faire en sorte que les choses qui sont dans la colonne **PARKING** restent toujours actives.

Assignez à la colonne **PARKING** une limite pour qu'elle ne devienne pas un véritable dépotoir. Vous ne devriez jamais vous trouver dans une situation où votre **BACKLOG** est vide alors que le **PARKING** est rempli de tâches à moitié finies. Par ailleurs, jetez en premier lieu un coup d'un œil à la colonne **PARKING** avant de tirer de nouvelles tâches vers la colonne **EN COURS**.

Les tâches peuvent perdre de leur pertinence, aussi comme tout autre enclos, celui-ci a besoin d'être nettoyé de temps à autre. Ne laissez pas la colonne **PARKING** devenir la représentation visuelle de votre procrastination.

Aujourd'hui

La colonne **AUJOURD'HUI** est celle où vous tirez les tâches que vous avez prévu d'accomplir… *aujourd'hui*. Nos rythmes circadiens sont profondément enracinés dans notre psyché. C'est cette horloge interne de 24 heures qui nous dit si nous devrions être éveillés, endormis ou bien nous demander si le dîner est prêt.

Nous sommes réglés aussi bien physiologiquement que psychologiquement sur le concept de journée. C'est notre

point de référence de base. C'est ce que nous utilisons pour mesurer nos succès. Que nous arrivions au bureau à 7 heures et demie le lundi matin ou que nous nous réveillions à midi un samedi pendant nos vacances à Hawaï, nous pensons automatiquement « Aujourd'hui je vais… » et nous dressons mentalement la liste de nos objectifs du jour. Ne perdez pas de vue que se relaxer est un objectif tout aussi légitime que justifié. Si vous êtes à Hawaï et que vous avez prévu de faire du surf et de manger un met typique hawaïen, ces objectifs doivent apparaître dans votre colonne **AUJOURD'HUI**.

Il est de fait qu'il est rare de pouvoir commencer, ne parlons même pas de terminer, tout ce que nous avons prévu de faire. Il est donc normal que notre colonne mentale **AUJOURD'HUI** soit peuplée de tâches que nous aurions voulu faire. Nous en arrivons à être obnubilés par les tâches non complétées (souvenez-vous de l'effet de Zeigarnik), tout en dévalorisant nos véritables réalisations. Il nous est bien possible d'avoir accompli un travail formidable, mais de ne pas s'en rendre compte parce que nous n'avons pas fait tout ce que nous voulions accomplir. Dans un tel cas, il est probable que notre objectif initial n'était pas raisonnable.

La colonne **AUJOURD'HUI** nous montre le décalage entre ce que nous voudrions faire dans la journée et ce que nous pouvons réellement accomplir. Elle révèle dans quelle mesure nous ne sommes pas capables d'atteindre notre objectif quotidien. Lorsque nous avons compris ce dont nous sommes vraiment capables en une journée, nous pouvons nous fixer des objectifs plus réalistes et avoir la satisfaction de les avoir réalisés.

ALLER PLUS LOIN

Ce chapitre explique le comment du Personal Kanban. Il pourrait d'ailleurs bien se suffire à lui-même puisqu'il fournit toutes les connaissances de base dont vous avez besoin pour vous lancer. Dans les chapitres suivants, vous apprendrez non seulement pourquoi une telle méthode fonctionne aussi bien, mais aussi comment aller plus loin.

LES ASTUCES DU PERSONAL KANBAN

1. Laissez votre contexte vous guider : modifiez votre kanban personnel lorsqu'il devient pertinent de le faire.
2. Soyez honnête avec vous-même à propos de votre *backlog*.
3. Votre chaine de valeur peut être adaptée à certains projets spécifiques.
4. La clé pour voir ce qui se passe vraiment est de visualiser la nature de votre travail.
5. Dépasser vos limites de WIP résulte en une augmentation de votre niveau de stress.
6. Attendez-vous à l'inattendu.

CHAPITRE 3
MON TRAVAIL EST COMME UNE AUTOROUTE

> *Il y a toujours quelque chose qui cloche : ou bien vous avez une rognure d'orteil dans votre hamburger, ou encore un papier toilette collé à votre chaussure* **(Roseanne Roseannadanna)**[1].

LE FLUX DE LA CIRCULATION

> Capacité : la quantité de choses qui peuvent être contenues
>
> Débit : la quantité de choses qui peuvent s'écouler
>
> Ces deux termes ne sont pas synonymes.

Nous pensons trop souvent que « temps libre » et « capacité » sont synonymes. Nous présumons que lorsque nous n'avons pas d'activité programmée, nous pouvons trouver de la place pour plus de travail. Notre agenda nous montre une heure de libre, donc nous pensons avoir du temps pour une autre réunion, un autre appel téléphonique ou une autre visite au bureau de poste. C'est bien ça, non ?

Faux !

---

[1] Personnage de l'émission humoristique de la télévision américaine *Saturday Night Live* (NDT).

La preuve en est que les gens qui évaluent leur temps « libre » en fonction des trous dans leur calendrier sont en général en retard sur leur programme, le plus souvent de façon chronique. Ils ne prévoient pas de battement entre un rendez-vous et le suivant. Toute interruption a ainsi un effet en cascade sur le reste de la journée.

« Un peu plus d'eau, Monsieur ? »

Quand le serveur vient pour remplir notre verre d'eau à moitié vide, nous nous attendons à ce que cela soit possible. Il y a en effet de l'espace dans le verre pour y mettre de l'eau. C'est exactement comme cela que nous pensons, lorsque nous nous disons : « Il reste de la place, nous pouvons donc ajouter du travail jusqu'à ce que nous ayons fait le plein ». Pourtant nous ne sommes absolument pas comme un verre, car pour nous le « plein » n'est pas une question de capacité, mais bien de débit. Il ne s'agit bien sûr pas de contenir le travail, mais de l'effectuer.

Nous serions plutôt comme une autoroute.

Comme le verre, l'autoroute a une capacité de remplissage de 0 à 100 %. Aux deux extrêmes, elle peut être totalement vide ou totalement remplie de véhicules. Cependant, contrairement au verre, l'autoroute n'est pas optimisée en fonction de sa capacité de remplissage, mais de son débit. La capacité est une question d'espace, alors que le débit est une relation de flux.

Toute une gamme de styles de conduite se rencontre sur les routes : certains conducteurs conduisent doucement alors que d'autres vont très vite. À un certain niveau de congestion, la circulation commence donc à se ralentir, car le débit maximal de la route ne peut pas être dépassé[2]. Plus il y a de véhicules et plus leur vitesse est sujette à variation. Aussi la circulation se ralentit-elle, son flux étant plus restreint. La fluidité de la circulation est fonction du véhicule le plus lent. Il est ainsi possible d'avoir un début d'embouteillage même si la route n'est encore qu'à 65 % de sa capacité.

Une autoroute qui est presque à 100 % de sa capacité cesse d'être une autoroute et devient un parc de stationnement.

La capacité est une mesure inefficace du débit et c'est une bien piètre façon d'évaluer ce qu'il est possible d'accomplir. Elle ne tient pas compte de la façon dont nous travaillons vraiment ni de notre rythme de travail. La capacité est juste une mesure de ce que quelque chose peut contenir.

Il se trouve que, comme le trafic, le travail ne peut être contenu, mais est une question de flux.

Quand nous ne reconnaissons pas ou ne respectons pas le flux de notre travail, nous succombons à la tentation du multitâche. Nous avons tôt fait de perdre de vue une tâche ici et une autre là. Nous faisons notre travail à toute vitesse, en

[2] Lorsque j'étais urbaniste, j'estimais en règle générale qu'un remplissage de 65% était le point où un embouteillage devenait probable.

recherchant avant tout la quantité (productivité), même lorsque c'est aux dépens de la qualité (efficacité). En fin de compte, nous parvenons à ne réussir ni l'un ni l'autre.

Ce motard sur la photo, c'est cette petite tâche de cinq minutes dont vous avez accepté de vous charger.

« Cela ne prendra que cinq minutes ! Comment pourrais-tu dire non ? »

Une étude publiée par des chercheurs de l'Université Stanford en 2009 a réfuté le mythe du multitâche. Loin d'être un avantage, faire plusieurs choses en même temps s'avère extrêmement contreproductif[3]. Toute une série de tests a permis de démontrer que la performance des adeptes du multitâche était constamment inférieure à celle de leurs pairs qui ne faisaient qu'une seule chose à la fois. Il en était de même pour des activités pour lesquelles les adeptes du multitâche étaient censés être plus performants, comme de suivre des indications de direction avec de multiples stimuli ou de passer rapidement d'une tâche à l'autre.

Les adeptes du multitâche s'efforcent d'optimiser la capacité et non le débit. Dans ces tests, ils étaient incapables de bien gérer simultanément de multiples flux d'information. Lorsqu'ils devaient ignorer une série de données pour se concentrer sur une autre, ils avaient du mal à opérer un filtrage. Ils absorbaient tout, surchargeant ainsi leur capacité à se concentrer et à exécuter leurs tâches. Ceux qui se concentraient au contraire sur une seule tâche à la fois se

---

3 Adam Gorlick, « Media multitaskers pay mental price, Stanford study shows, » *Stanford Report*, 24 août 2009. http://news.stanford.edu/news/2009/august24/multitask-research-study-082409.html

révélaient beaucoup plus à même de filtrer leur environnement et de traiter l'information pertinente.

Faire plusieurs choses en même temps oblige le cerveau à traiter plusieurs flux d'information simultanément. Il le fait en « coupant le cerveau en deux » de façon littérale, répartissant le travail entre ses deux hémisphères, chacune se consacrant alors à une tâche spécifique sur laquelle il se concentre[4].

Le cerveau ne disposant que de deux lobes pour traiter de telles activités mentales liées, trois activités ou plus le stimulent de façon excessive, et une surcharge mentale en résulte. Nous devenons facilement distraits et avons du mal à accomplir même les tâches les plus simples. En somme, l'autoroute du cerveau se remplit de travail. Elle a tôt fait de ralentir et éventuellement d'en arriver à un bouchon ou au surmenage mental.

Nous ne voulons ni de bouchons sur nos routes ni de blocage dans notre travail, mais un flux continu. Notre aspiration c'est d'avoir un beau *débit*. Avec le débit, inhérent à un système basé sur le flux, la mesure du succès est beaucoup moins la quantité de travail qu'il est possible d'accumuler dans son emploi du temps que la quantité de travail qui s'écoule de la colonne **PRÊT** à la colonne **FINI**.

Le Personal Kanban nous permet de vraiment comprendre comment notre travail progresse : quand le flux est optimal ou au contraire sujet à des blocages. Le rythme du mouvement entre **PRÊT** et **FINI** est notre débit. C'est

---

4 Gisela Tellis, « Multitasking splits the brain », *Science Magazine*, 15 avril 2010, http://news.science-mag.org/sciencenow/2010/04/multitasking-splits-the-brain.html

notre débit réel et désormais non plus seulement une estimation. Pouvoir mesurer et apprécier le débit nous est très utile pour prendre des décisions pertinentes et nous aider à mener à bien les tâches d'une manière plus réfléchie.

Pour prendre du recul

Il y aura des jours où les interruptions et la révision des priorités seront de rigueur. Le multitâche n'est certainement pas idéal. Il est néanmoins essentiel d'avoir la flexibilité de le faire lorsque les circonstances l'exigent vraiment. Le contexte devrait toujours entrer en considération dans nos décisions. Notre kanban personnel aura parfois à tenir compte de toutes les sollicitations d'une journée très chargée. Quand cela se produit, cherchez des façons de limiter l'afflux de travail imprévu.

LA MISE EN PLACE DES LIMITES DE WIP

Revenons à l'histoire de Cookie. Après avoir dépassé sa limite de WIP, notre chienne commençait certes à rater les grains de riz soufflés, mais surtout cette expérience se révélait traumatisante pour elle. Elle persévérait tout de même, d'une façon un peu masochiste.

Une petite Cookie sommeille en chacun de nous.

En fait, la vie est comme ces ados pervers de 13 ans qui nous bombardent de poignées de céréales pour le petit déjeuner, nous lançant des tâches à un rythme déconcertant. Non seulement il n'est pas possible de les attraper, mais c'est vraiment effrayant. Nous en redemandons pourtant et nous nous surchargeons de travail, ajoutant toujours et encore une tâche de plus.

Nous avons besoin de contrôler notre charge de travail. Nous avons besoin de la deviser en segments plus faciles à gérer et d'achever ce que nous commençons. Nous avons besoin d'une limite de WIP.

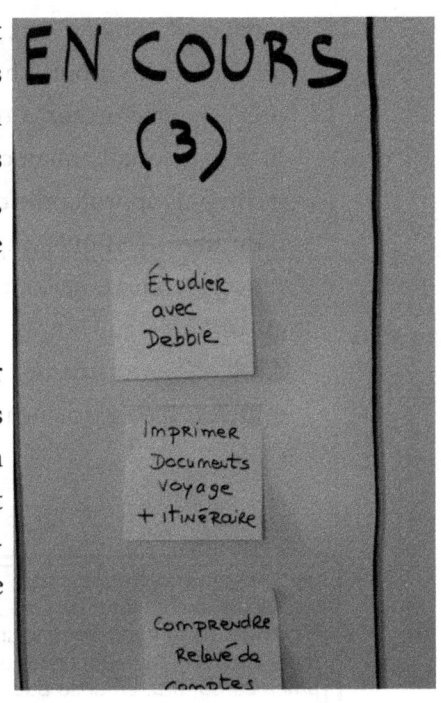

Pour commencer, nous pouvons fixer notre limite de WIP à un nombre arbitraire : peut-être deux ou trois. Ce n'est cependant là qu'un point de départ et une simple suggestion. Voyez ce qui marche pour vous. Le but est ici de commencer à limiter ce que vous faites et de vous assurer de terminer ce que vous commencez.

Avec le temps, vous noterez que votre situation particulière — votre contexte — dicte votre limite de WIP. Si les tâches ont tendance à traîner, essayez de réduire votre limite de WIP. Si vous vous apercevez que vous êtes constamment en train de tirer des feuillets adhésifs vers **EN COURS,** vous seriez peut-être capable de vous occuper de plus de choses. Vous pourriez augmenter votre limite de WIP ou bien envisager d'assurer le suivi de tâches moins granulaires.

Cela peut sembler être une façon simpliste d'envisager le WIP, mais pour l'heure nous ne faisons que commencer en douceur. Les articles disponibles sur le site http://personalkanban.com examinent la question de façon plus approfondie ce que le WIP veut dire, comment il est mesuré et quel impact il peut avoir. Au début, il est recommandé de se concentrer sur le flux de votre travail et sur l'idée que votre travail a bel et bien une « forme ». Allez-y ! Expérimentez avec votre limite de WIP. Prenez toutefois bien garde de ne pas devenir obsédé par celle-ci.

VIVRE PLEINEMENT CHAQUE JOUR DE SA VIE

*Voulons-nous regarder nos jours s'écouler,
tel le sable dans un sablier ?*

*Ou bien voulons-nous les vivre pleinement
comme les chapitres d'un roman ?*

Quand je dirigeais un personnel important, c'était la responsabilité de chacun soumettre sa feuille de temps. Il faut bien admettre que ce n'est pas une tâche très excitante et leur peu d'enthousiasme à cet égard était très compréhensible. Pendant longtemps, j'ai pensé que leur résistance s'expliquait par le caractère fastidieux de la tâche. Pourtant, il y avait d'autres tâches tout aussi rébarbatives, comme remettre une cartouche d'encre dans l'imprimante par exemple, que les gens faisaient sans réticence. S'il ne s'agissait pas tout simplement d'apathie, de quoi s'agissait-il ?

C'était l'effet de Zeigarnik ! Préoccupés qu'ils étaient par leurs tâches inachevées, le travail qu'ils avaient fini disparaissait à l'arrière-plan. Allons donc ! Oublier ses propres réalisations !

Ils les oubliaient pourtant bel et bien. À l'unisson, ils se grattaient le front avec incrédulité. Ils râlaient en se demandant : « Qu'est-ce que j'ai bien pu faire cette semaine ? » Ils entreprenaient alors une véritable autopsie afin de retracer leur activité des jours précédents. Dans leur effort pour savoir ce qui s'était passé pendant cette semaine là, ils cherchaient des indices partout où ils pouvaient trouver une heure ou une date : calendriers, emails, fax, listes d'appels de téléphone portable.

Le temps perdu… à la recherche du temps perdu

C'était franchement terrifiant. Des heures, des jours, des semaines de nos vies s'étaient volatilisées. Un temps précieux que nous ne rattraperons jamais parce que nous ne prêtons pas attention à nos activités. *nous les effectuons juste inexorablement sans même y réfléchir.* En rendant visible votre backlog, votre WIP et les tâches accomplies, votre kanban personnel vous récompense, en vous rappelant le bon travail que vous avez accompli, et ce qui reste à faire.

Si vous ne pouvez plus vous en souvenir, vous ne pouvez pas vous améliorer.

Avec le Personal Kanban, vous pouvez commencer à évaluer de façon critique votre travail réel. Vous pouvez comparer vos actions passées, et vos circonstances favorables à venir, afin de découvrir les plus efficaces et les plus révélatrices. Vous pouvez prendre des décisions qui s'alignent sur vos besoins actuels et vos objectifs à long terme. Vous pouvez choisir le moment où concentrer votre énergie sur la préparation d'une certification professionnelle, sur une partie de Scrabble avec vos enfants ou sur la peinture de votre salon.

Nos priorités paraissent parfois ne rien avoir en commun entre elles. Le rapport entre le nettoyage des surfaces de votre cuisine et vos objectifs d'investissement à long terme est loin d'être évident. Les objectifs en question seront toutefois très certainement compromis si vous êtes victime d'une infection par le colibacille, en raison de la mauvaise hygiène de votre cuisine et que vous devez vous mettre en arrêt-maladie. Vous voulez pouvoir réfléchir à vos différentes options en fonction d'une multitude de variables. Ces options ont des relations inattendues entre elles : aussi vos décisions doivent-elles être basées sur votre gamme de besoins. C'est ce qui s'appelle « l'évaluation des risques » dans le vocabulaire de la gestion.

Le Personal Kanban vous aide à évaluer les risques et les avantages que comporte une tâche particulière.

- Quel serait votre investissement réel en temps et en énergie ?

- Quels sont les risques inhérents à une telle tâche ?

- Est-elle d'un caractère prévisible ou bien imprévisible ?

- Êtes-vous compatible avec ceux avec qui vous devrez collaborer à une tâche donnée ?

- S'agit-il d'un type de tâche dans lequel vous excellez ?

En fournissant de riches enseignements sur le coût et la valeur d'un type de travail donné, le Personal Kanban vous aide à prendre des décisions reposant sur une compréhension plus approfondie du contexte de votre travail.

Nous définissons, nous assurons le suivi, puis nous archivons les tâches pour pouvoir nous faire une idée de ce que nous avons accompli. En jetant un regard rétrospectif, nous sommes à même d'observer les tendances qui se dessinent. Nous pouvons être fiers du travail bien fait. Tout cela se passe en temps réel. Nous finissons quelque chose, nous déplaçons le feuillet adhésif qui nous fournit un retour immédiat indiquant que nous avons bien accompli ce que nous voulions faire.

CLARIFIER SE RÉVÈLE APAISANT POUR CARL

La fille de Carl a toujours été une élève très douée. Elle ne fait que commencer ses études secondaires, mais ses professeurs parlent déjà de progression accélérée en lui faisant sauter une année. Elle est en train de devenir une excellente candidate pour l'admission dans une des universités américaines les plus réputées. Au-delà de ses excellents résultats scolaires, Julie est également très active comme volontaire dans sa communauté. Elle envisage aussi de se porter candidate à l'élection des représentants des élèves au conseil d'administration de son établissement secondaire. Elle a même commencé à prendre des rendez-vous pour visiter certains campus.

Encore récemment les murs de la chambre de Julie étaient tapissés de posters de vedettes des *boys bands*. Ils sont désormais couverts de posters d'universités et de villes lointaines.

Julie sait ce qu'elle veut. Son objectif est évident.

Il est 3 heures du matin et Carl, allongé dans son lit, fixe le plafond. Il est préoccupé depuis des mois, car il s'inquiète de la question du financement des études de sa fille. Ses inquiétudes, qui sont pour l'instant sourdes et intimidantes, l'empêchent de s'endormir.

La citation épinglée sur le tableau d'affichage de Julie, qu'il avait remarquée, lui revient à l'esprit.

▶ *Il ne vous est jamais donné un rêve sans le pouvoir de le réaliser. Vous aurez toutefois peut-être bien à travailler pour cela* (Richard Bach).

Réaliser ce rêve ; travailler pour cela. Il se dit : « Peut-être mieux vaut-il prendre d'emblée le taureau par les cornes et ne pas attendre un miracle ». Touché par une étincelle d'inspiration, Carl s'assoit. Il a besoin de définir plus précisément ses objectifs.

Julie a son rôle à jouer pour s'assurer qu'elle est acceptée dans une des universités de son choix. Carl comprend qu'il a maintenant besoin d'un système pour financer ses études. Fort heureusement, le temps est de son côté. Il en est à la première étape. Il vient de prendre une décision. Que doit-il faire pour parvenir à son objectif ?

Un plan détaillé préalable prend beaucoup de temps et manque de flexibilité. Son objectif restera toujours le même, mais les termes de l'équation changeront. Ses revenus, l'endroit où il travaille, le montant des frais de scolarité et les aspirations de Julie peuvent changer. Ce dont il a besoin est d'un processus suffisamment flexible pour répondre à des changements potentiels de contexte. Pour l'heure, Carl a besoin d'agir. Il sort de son lit et se rend dans son bureau. En haut de son kanban personnel, il écrit son objectif en grosses lettres :

DANS 4 ANS,
JE VAIS ENVOYER JULIE À L'UNIVERSITÉ

Il prend quelques pas de recul, fixe l'objectif du regard et laisse échapper un soupir triste en se demandant : « Mais comment ? »

Carl ne va pas esquisser quatre années de travail en écrivant un plan dans son agenda quotidien. Il y a tout simplement trop de variables. Il a toutefois désormais un objectif. Au cours des quatre prochaines années, il saura ainsi trouver les moyens d'aller de l'avant. Carl est désormais forcé de passer à l'action.

Il est fréquent à un niveau personnel, tout comme à un niveau professionnel, pour la « paralysie de l'analyse » de nous faire nous sentir impuissants. Nous compliquons inutilement notre situation, en planifiant péniblement jusqu'au plus insignifiant des détails ; détails sur lesquels nous ne savons d'ailleurs initialement que bien peu de choses. En fait, nous laissons la phase de la planification inhiber celle de l'action.

Carl a besoin d'identifier les premières démarches qu'il peut immédiatement engager. Il attrape un feuillet adhésif et dresse la liste des points forts de Julie, ainsi que de ce qui l'intérese. Cela devrait se révéler utile quand viendra le temps d'identifier avec celle-ci les possibilités les plus favorables de bourses d'études. Sur un autre feuillet adhésif, il prend note des sujets à aborder avec son conseiller financier. Il se rappelle tout d'un coup en passant qu'une de ses anciennes condisciples travaille maintenant au bureau des bourses d'une université. Carl le note aussi sur un autre feuillet adhésif.

Il prend ces feuillets adhésifs pour les placer dans sa colonne **PRÊT**. Il tire celui qui a trait au conseiller financier dans la colonne **EN COURS** et lui envoie un rapide courriel.

Carl regarde son kanban personnel et son cerveau comprend immédiatement comment les choses progressent vers son objectif. Apaisé, il retourne se coucher. Il sait qu'il a été efficace. Il est conscient d'avoir fait le premier pas vers la réalisation de son objectif : être à même de financer le rêve de sa fille.

Le sommeil de Carl n'est plus agité ; il n'est plus obnubilé par le coût des études de sa fille. Il ne s'inquiète pas de ne pas avoir tout réglé cette nuit même. C'est parce qu'il a accepté qu'il ne pourra jamais résoudre tous ces problèmes à l'avance. Les inquiétudes inutiles se sont donc maintenant dissipées. Carl est à même de faire des plans ; il peut être flexible et obtenir des résultats.

Carl est parvenu à faire la clarté.

LES LISTES DE TÂCHES SONT VÉRITABLEMENT DIABOLIQUES

Les listes de tâches sont bien le dernier abîme pour les damnés de l'organisation personnelle. Elles sont diaboliques. Elles nous ensorcèlent, nous tourmentent, prennent le contrôle de ce que nous faisons et mettent l'accent sur ce que nous n'avons pas accompli. Elles nous donnent le sentiment d'être médiocres et dénigrent nos réalisations comme si elles étaient sans valeur. Ces princesses des ténèbres aux cases à cocher, qui produisent des insomnies, nous intimident depuis trop longtemps.

Nous devons en finir avec elles !

1 million de choses que j'ai à faire

Grandir, aller à l'école, faire la vaisselle, faire la lessive, tomber amoureux, avoir le coeur brisé, manger un sandwich, laver la voiture, tondre la pelouse, acheter un ordinateur, faire une sauvegarde de toutes ses données, trouver un emploi, perdre son emploi, trouver un autre emploi, faire sa valise, manger un dessert, voir un film, faire une visite médicale, apprendre la boxe française, courir, avoir des enfants, déménager en Espagne, rapporter les livres à la bibliothèque, acheter un poul*, pa*r les toilettes, lire *, *es meubles, b** **Voici ta liste** ** souscrire à un** **de tâches!** une assurance, *iqu*te, *ariag*s, enterrements, anniversaires, partir en vacances, se faire congédier, *ani** c*duire jusqu'à Portland, * concert, nettoyer sa * médecin, faire des * conférence, aller *rdonnance, faire un *n revue ses post-it, * information, voyager, *IP, s'amuser, utiliser *ut *e jamais rien rater.

Impitoyable mélange de ce qui est urgent et de ce qui est superficiel, les listes de tâches nous surchargent mentalement. Elles favorisent une approche mécanique, ennuyeuse et déshumanisante du travail ; aussitôt qu'une tâche est satisfaite, sans même y penser, nous devons passer à la suivante. Regardons les choses en face : les êtres humains n'aiment pas être *déshumanisés*. Nous avons besoin de contexte, quelque chose que les listes de tâches ne fournissent pas.

Nous n'avons pas assez d'information pour guider nos décisions en l'absence de contexte. Ne pouvant voir les arbitrages possibles ni les options envisageables, nous ne réussissons pas à reconnaître les circonstances propices à notre épanouissement. Le Personal Kanban prend en compte non seulement notre humanité, mais aussi la façon dont nous exécutons notre travail. Les priorités et l'exécution de nos tâches deviennent visibles. Nous pouvons également par ailleurs apprécier comment finir certaines tâches a des répercussions sur la gamme des options possibles.

Avec le Personal Kanban, nous commençons à définir nos propres limites en ce qui concerne les « jeux » du travail et de la vie. Ces jeux requièrent des actions contextuelles, qui sont axées sur des objectifs. Il y a un premier objectif (gagner) et plusieurs objectifs secondaires pour y parvenir (les étapes à atteindre pour gagner). Dans le même sens, le Personal Kanban fait de notre travail un jeu à la fois simple, précis, mais satisfaisant : nous avons un objectif principal (mieux vivre) et des objectifs secondaires (compléter des projets, faire bouger des feuillets adhésifs). Nous jouons à un « jeu » qui conduit à un résultat tangible, sur un tableau qui change sans cesse, reflétant en cela le flux et le contexte de la vie. Par contraste, avec le jeu de la liste de tâches il ne s'agit que d'exécuter aussi rapidement que possible les tâches : pas de flux d'une action à l'autre, pas de suspens et en fin de compte pas de récompense.

Les jeux se doivent d'être stimulants et évolutifs. Un mouvement que nous faisons ouvre ainsi une série d'options. Nos adversaires effectuent un contre-mouvement. Certaines options se ferment et d'autres s'ouvrent. Pouvoir visualiser le travail de cette façon — comme un système, comme un jeu avec des objectifs plus ou moins immédiats — nous permet de nous passionner pour notre travail. Les arbitrages de la vie deviennent plus explicites. Nous comprenons que faire quelque chose de rébarbatif un jour, permet de pouvoir s'atteler à quelque chose d'agréable le lendemain. Nous donnons la priorité à un voyage chez le boucher pendant les heures de pointe parce que nous savons que nous pourrons faire un barbecue relaxant avec nos amis le samedi après-midi. C'est seulement quand nous voyons notre contexte et comprenons nos options que nous pouvons établir des priorités de façon efficace, travailler sur ce qui nous passionne et trouver notre vocation.

Personal Kanban	Listes de tâches
Libérateur	Sources d'anxiété
Adaptatif	Statiques
Limites de WIP	Tâches écrasantes
Proactif	Réactives
Évolutif	Stagnantes
Expérientiel	Autoritaires
Collaboratif	Autonomes
Significatif/durable	Fugaces/éphémères
Basé sur des options ; révèle les arbitrages	Points d'échec uniques
Kinesthésique	Condescendantes
Terminer et se souvenir	Cocher les cases et oublier
Affinage des objectifs	Pas d'affinage des objectifs
Priorités révisées en permanence	Fragiles/statiques
Amélioration continue	Travail continu
Efficacité	Productivité
Contextuel	Détachées
Optimisé pour la clarté	Optimisées pour le catalogage
Narratif	Inventaire
Conscient des goulots d'étranglement	Ignorantes des goulots d'étranglement
Focalisé sur le flux	Focalisées sur les tâches
Orienté action	Accablantes
Flexible	Normatives
Tirer	Poussé

Apprendre ou réagir

Personal Kanban	Listes de tâches
Libérateur	Source d'anxiété
Proactif	Réactives
Durable	Éphémères
Kinesthésique	Condescendantes
Focalisé sur le flux	Focalisées sur les tâches
Contextuel	Détachées
Optimisé pour la clarté	Optimisées pour le catalogage
Narratif	Inventaire
Conscient des goulots d'étranglement	Ignorantes des goulots d'étranglement
Tirer	Pousser

▶ *J'entends et j'oublie. Je vois et je me souviens. Je fais quelque chose et je comprends* (Confucius).

L'apprentissage le plus naturel et le plus profond résulte de ce que nous faisons. S'engager physiquement dans une tâche de bout en bout fait plus que de simplement nous donner de l'expérience. Cela nous enseigne également la valeur d'un choix réussi entre plusieurs options et les techniques pertinentes. Nous voyons nos tâches, devenons conscients de leur impact et nous nous souvenons de les avoir effectuées. C'est là une admirable préparation aux prises de décisions futures.

Les listes de tâches ne nous fournissent qu'un inventaire de tâches dénué de contexte que nous subissons en mode réactif. Nous répondons au travail seulement quand il se présente et habituellement quand son exécution devient pénible. Nous parcourons parfois notre liste de tâches et nous demandons : « Quelle est l'urgence la plus pressante ? » Ce n'est pas là définir des priorités, c'est réagir. Cela procède de la prophétie autoréalisatrice. Plus nous réagissons, plus nous créons des circonstances auxquelles nous aurons à réagir.

Le Personal Kanban transforme notre travail en un récit qui nous éclaire sur le contexte, le flux et les points de décision d'une *histoire*. Il ne nous donne pas une liste de tâches urgentes, mais une série de relations causales. Déplacer des feuillets adhésifs, examiner attentivement les chaines de valeur et tenir régulièrement des rétrospectives permet de bâtir un système fait pour durer. Ce système entraîne nos cerveaux à détecter les phénomènes qui se produisent de façon régulière ainsi que les relations de cause à effet. Il en est ainsi des tâches que nous aimons faire, de celles qui sont source de disputes et des raisons qui expliquent les goulots d'étranglement.

En prenant comme point de départ ces types d'observations, nous sommes à même de prendre de façon proactive des décisions qui augmentent la valeur des options que nous choisirons plus tard.

Créer ou produire

Personal Kanban	Listes de tâches
Orienté action	Accablantes
Collaboratif	Autonomes
Basé sur des options	Points d'échec uniques
Flexible	Normatives
Efficacité	Productivité
Tirer	Pousser

Les listes de tâches conviennent aux environnements normalisés et orientés vers la productivité. Dans ceux-ci, la quantité est la mesure de la qualité. Les listes de tâches ne vous amène à vous interroger ni sur le pourquoi ni sur le comment de l'exécution d'une tâche donnée. Vous ne recherchez pas non plus le *Kaizen*. Vous faites simplement ce que vous avez à faire, dans l'ordre dans lequel vous le recevez.

Le Personal Kanban favorise un environnement créatif et collaboratif dans lequel l'efficacité est la mesure de la qualité. Il s'agit de faire ce qui est pertinent au bon moment. Les méthodes de travail ne sont jamais statiques : nous recherchons constamment des façons de faire plus efficaces (*Kaizen*). Dans ce but, visualiser le travail favorise une transparence qui permet à chacun des membres de l'équipe de voir ce que les autres sont en train de faire et d'identifier les possibilités de collaboration. Les équipes qui font un meilleur usage du temps et du talent de chacun de leurs membres sont ainsi capables d'augmenter leurs connaissances personnelles et collectives. Elles élargissant ainsi la gamme des options, tant individuelles que collectives.

Évolution ou stagnation

Personal Kanban	**Listes de tâches**
Adaptatif	Statiques
Expérientiel	Autoritaires
Amélioration continue	Travail continu
Tirer	Pousser

Afin de nous permettre de mettre en application ce que nous apprenons, nous devons adapter nos pratiques en fonction de circonstances changeantes et d'une compréhension plus approfondie de ce qui se passe. Les listes de tâches reposent sur le postulat de contextes statiques. Sans comprendre pourquoi nous travaillons, comment nous travaillons et quelles options se présentent, nous finissons par travailler pour travailler, plutôt que d'apprécier la façon dont nos efforts servent une ambition plus large.

Le Personal Kanban crée un système évolutif dans lequel le *Kaizen* devient habituel. Notre expérience nous enseigne qu'il est possible de modifier notre chaine de valeur ou de créer des conceptions de kanban personnel entièrement nouvelles. Contrairement aux listes de tâches, pour lesquelles l'objectif est simplement d'accomplir des tâches, celui du Personal Kanban est de visualiser notre WIP et nos options futures, afin de changer nos méthodes de travail en fonction de l'évolution des options qui peuvent se présenter.

LES ASTUCES DU PERSONAL KANBAN

1. Gérez votre travail en fonction du flux et du débit et non pas du temps et de la capacité.
2. Tout comme la circulation, le travail n'est pas une question de contenu, mais de flux.
3. La capacité est une relation spatiale. Le débit est une relation de flux.
4. Les limites de WIP changent en fonction du contexte.
5. Des priorités et une exécution bien pensées sont largement supérieures à une planification préalable.
6. Comprendre nos options est libérateur.

CHAPITRE 4
LES FLUX NATURELS

▶ *Ne faites pas comme un pilote novice : n'essayez pas de tout contrôler. Restez suffisamment détaché du flux pour pouvoir l'observer, le modifier et l'améliorer* (Donald Rumsfeld).

LE FLUX OU LE MOUVEMENT NATUREL DE LA CIRCULATION

Le flux : la progression naturelle du travail.

La cadence : les éléments prévisibles et réguliers du travail.

Le slack : les périodes d'accalmie dans le travail qui rendent le flux possible.

Les best-sellers sur les limites entre l'ordre et le chaos ne manquent pas : *Le Tao de la Physique* de Fritjof Capra ; *Mieux vivre* de Mihály Csíkszentmihályi ; *Freakonomics* (L'Économie saugrenue) de Steven Levitt et Stephen J. Dubner ; *NonZero* (Somme nulle) de Robert Wright ; *C'est (vraiment ?) moi qui décide* de Dan Ariely ; ainsi que *La sagesse des foules* de James Surowiecki. Ces livres suggèrent, comme le fait si bien la citation de M. Rumsfeld, qu'il est souvent moins instructif d'observer un évènement spécifique que le courant dans lequel il s'inscrit. C'est bien ce flux qui nous fournit le contexte et celui-ci nous apporte la clarté.

En physique, en économie, comme dans nos vies personnelles, plus nous creusons, plus le chaos devient évident. Dans ce livre, nous utilisons le terme de « variation » pour désigner un tel chaos. Quand vous êtes dans le vortex de ce chaos et que c'est tout ce que vous pouvez voir, vous sentez que vous êtes à sa merci. Toutefois, quand les évènements chaotiques sont appréhendés dans leur totalité, ils deviennent prévisibles dans une certaine mesure. Pensez à une plaine inondable où une inondation se produit tous les 100 ans en moyenne. Une inondation peut survenir à tout moment, mais nous savons qu'il y a seulement un risque sur 100 que se soit le cas cette année. Nous construisons nos vies en fonction de ce type de prévisibilité.

Nous ne devrions pas appréhender notre travail comme une série d'évènements isolés, statiques, uniques et seulement vaguement connexes. Ces évènements, en apparence isolés, se combinent effectivement pour construire l'histoire de nos vies.

Il y a quelques années, j'ai dû m'acquitter d'une tâche rébarbative : la rédaction d'une notice biographique pour une conférence. Mes antécédents professionnels sont tellement variés que je craignais qu'elle n'ait l'air décousue. J'avais vraiment peur de cela. Je m'en suis ouvert à quelqu'un en prenant un café. Cette personne m'a demandé de décrire ce que je pensais être une carrière chaotique. Cela donna quelque chose du genre :

Et bien, j'ai d'abord étudié la psychologie. J'aimais vraiment cela, mais je ne voulais pas devenir psychologue. Alors, j'ai commencé une carrière dans l'urbanisme. Depuis tout petit, je m'intéressais aux villes. Comment sont-elles construites ? Comment les gens y vivent-ils ? Comment travaillent-ils et évoluent-ils dans un environnement urbain ? C'est ainsi que j'ai été urbaniste pendant une dizaine d'années. J'ai construit des réseaux de transport en commun sur rail, dressé des plans de développement et construit des zones piétonnières. Je me suis plus tard intéressé à la planification technologique et au développement de logiciels pour les administrations publiques. J'ai créé des systèmes permettant aux agences gouvernementales de collaborer, tant à l'interne qu'à l'externe, non seulement avec d'autres agences, mais aussi directement avec les usagers. Ce faisant, j'ai été amené à m'intéresser aux pratiques agiles de développement de logiciels, au Lean manufacturing et aux médias sociaux. J'ai commencé à entreprendre des projets dans chacun de ces trois domaines. Cela m'a conduit à penser à la façon dont les équipes se forment et collaborent. J'ai aussi réfléchi à la façon de motiver les gens afin de les inciter à agir et à ce que cela implique pour chacun d'entre eux.

Nous avons alors constaté que ma carrière avait en fait un fil conducteur sous-jacent des plus clairs. Inconsciemment, j'avais, dans ces divers domaines, œuvré à la création de communautés.

Le fil rouge, le « flux » de ma carrière, c'était la communauté.

Tonianne se plait à dire que j'avais « le nez trop collé sur la toile ». Concentré intensément sur le détail, je n'avais plus de vue d'ensemble. C'est seulement quand j'ai pris du recul et que j'ai ouvert ma perspective que j'ai pu finalement voir ma carrière dans son intégralité.

Donald Rumsfeld et Tonianne conseillent la même chose : prendre du recul, relever le nez et observer. Le Personal Kanban nous permet de faire exactement cela. Il fournit un outil pour observer le contexte de notre travail afin de nous permettre de prendre des décisions éclairées et de planifier avec clarté.

LA CADENCE : LE POULS DU TRAVAIL

Le châssis d'une voiture chemine le long d'une chaine de montage à une allure constante. Il s'arrête à intervalles réguliers pour que son moteur, son tableau de bord ou son volant soient installés. Il repart ensuite vers le prochain poste de travail, puis le suivant, jusqu'à ce que toutes les pièces soient assemblées en un produit fini. Dans la production industrielle, la cadence qui en résulte est facile à apprécier. Les studios *Warner Bros* l'ont bien perçu et chaque scène de leurs dessins animés qui montre une ligne de montage est accompagnée de la musique de *Powerhouse*. Cette fameuse composition instrumentale de Raymond Scott, qui consiste en une série de mouvements syncopés et répétitifs, est ainsi devenue le synonyme de la cadence de production. C'est le rythme de l'usine.

Savoir détecter la cadence du travail et en tirer parti est également fort utile dans bien d'autres domaines. Pensez à la façon dont un musicien règle son rythme ou un barreur d'aviron synchronise la cadence de son équipage, en utilisant un métronome. Reconnaître la cadence d'un flux de travail permet de coordonner son rythme et de rationaliser son processus, en corrigeant les irrégularités au moment même où elles se produisent.

Pour être souvent moins mécanique, le travail personnel a cependant lui aussi une cadence. Lorsque nous visualisons les tâches qui cheminent le long de la chaine de valeur, nous commençons à détecter le rythme de notre flux de travail. Nous commençons à percevoir son « battement » et nous pouvons opérer à l'unisson avec lui. La cadence fiable et rassurante est une récompense en soi. Une telle démarche permet d'identifier et de résoudre au fur et à mesure les problèmes (goulots d'étranglement et perturbations) pouvant se présenter. En l'affinant, il devient possible de se faire une bonne idée du temps nécessaire pour terminer un travail donné.

Si la cadence dans l'industrie est souvent réglée au quart de tour, avec des critères quantitatifs et qualitatifs extrêmement précis, il n'en est souvent pas de même pour le travail personnel, moins enrégimenté, plus varié et plus improvisé.

LE SLACK OU ÉVITER D'AVOIR TROP DE NOTES

Empereur Joseph II : « — Votre travail est ingénieux. C'est un travail de qualité. Il y a simplement trop de notes. C'est tout. Enlevez-en juste quelques-unes et ce sera parfait. »
Mozart : « — Lesquelles, Votre Majesté ? »
(Extrait d'*Amadeus* de Milos Forman)

Revenons à l'analogie faite avec l'autoroute : est-ce que ce sont les voitures ou bien l'espace entre celles-ci qui permettent à la circulation de s'écouler ? Sans voiture, pas d'écoulement ; par contre, en l'absence d'espace, les automobiles ne peuvent pas bouger. C'est cet équilibre entre véhicules et espace libre qui permet un écoulement de la circulation.

Un tel espace libre se nomme le « slack ». Nous avons besoin d'un tel mou dans notre flux de travail ; nous avons besoin d'un certain espace permettant les ajustements. Sans cela, nous serions surchargés. « Trop de notes, » reprochait l'empereur qui se sentait submergé.

Tirez trop de feuillets adhésifs dans votre colonne **AUJOURD'HUI** et vous créez l'attente que toutes ces tâches soient accomplies dans la journée. Avec une telle surcharge, il vous sera plus difficile de réagir quand cela sera nécessaire — vous gérerez les tâches de la même façon que lorsque votre journée est entièrement remplie par des réunions consécutives. Cela diminuera votre aptitude à tirer les tâches, interrompra votre flux et aura un impact négatif sur votre cadence.

L'ART DE SAVOIR GÉRER SON FLUX DE TRAVAIL

Avant la révolution industrielle, toutes les tâches relatives à la fabrication de la farine, à l'exception de la mouture des grains, étaient accomplies de façon manuelle. Le meunier devait faire gravir aux matières premières (le blé) plusieurs volées d'escaliers et ensuite les pelleter dans un crible. Ce laborieux processus demandait autant de temps que d'efforts. L'absence de moyens pour nettoyer parfaitement le grain avant de le moudre faisait que la farine était souvent de piètre qualité.

Au dix-huitième siècle, Oliver Evans améliora la construction des minoteries en rationalisant le processus de production, transformant ainsi l'industrie meunière. George Washington et Thomas Jefferson ont chanté tous deux ses louanges. Son invention utilisait l'énergie hydraulique et la gravité pour faire fonctionner un système plus efficace qui produisait en continu une farine de meilleure qualité. Pour alimenter ce moulin, des canaux furent creusés et des ouvrages furent construits le long des cours d'eau. L'eau coulait ainsi plus efficacement pour faire tourner des roues, semblables à celle représentée sur la couverture du présent ouvrage. La minoterie d'Evans, haute de plusieurs étages, était équipée d'un système d'ascenseurs, de poulies et de tapis roulants qui faisaient monter le grain au sommet du bâtiment. De là, il pouvait s'écouler pour aboutir dans la meule qui tournait et moulait le grain, le transformant ainsi en farine.

Les sillons entre les meules se remplissaient de grains. Au fur et à mesure des rotations de la pierre, ceux-ci étaient moulus. Si toutefois les sillons étaient trop remplis, les meulent s'enrayaient et s'arrêtaient brutalement. Comme avec la circulation d'une autoroute, il y avait un point de débit optimal. Trop de grains faisaient que la meule se bloquait. Pour s'assurer que cela n'arrive pas, un meunier expérimenté surveillait attentivement la quantité de grain qui entrait. Le grain sortant à un rythme régulier, les meules qui suivaient également un mouvement constant devaient être alimentées à une cadence régulière.

L'art du meunier résidait dans son aptitude à s'assurer que le flux du grain était adapté à la vitesse des meules. Son coup d'œil définissait le flux du travail, pour l'essentiel en tirant le grain à moudre de l'état de **PRÊT** à celui d'**EN COURS**.

Dans les faits, le meunier limitait son WIP et optimisait son *slack*.

Bien avant que les pionniers de l'industrie automobile américaine, Ransom E. Olds et Henry Ford ne transforment la production de masse, la minoterie entièrement automatisée d'Oliver Evans avait révolutionné le processus de la chaine de convoyage. Dès sa création, elle comportait un flux continu et appréciait la nécessité de limiter le travail en cours. Chaque étage du moulin avait une fonction unique, fournissant du grain à une vitesse contrôlée, régulière et continue.

Adaptant ce concept, Olds et Ford construisirent des lignes de montage qui faisaient se déplacer les composants d'un poste de travail ayant une fonction spécifique à un autre. Si la productivité augmenta de façon spectaculaire, leur système n'était pas sans présenter d'inconvénients.

L'accent mis par Détroit sur la production (productivité) au détriment de la valeur (efficacité) avait déshumanisé l'usine. La production était devenue plus importante que les êtres humains et l'innovation en souffrait.

Au Japon, chez Toyota, Taiichi Ohno découvrit que la disjonction entre la productivité et l'efficacité venait du cœur même de l'organisation de la production : le système social des travailleurs à la chaine. Il comprit que le problème n'était pas nécessairement le travail répétitif et insignifiant inhérent à la ligne de montage. C'était plutôt le rapport que les travailleurs pouvaient entretenir avec leur propre travail, leur équipe et l'ensemble de l'entreprise. Il découvrit qu'avec un système basé sur les flux poussés, les produits se déplacent le long de la chaine avec une telle régularité et le travail est tellement rigide que les travailleurs n'ont pas d'autre choix que de se concentrer totalement sur la tâche qui leur est assignée. Ohno voulait s'assurer que les travailleurs à la chaine ne se contentent plus de se concentrer sur la production de pièces de qualité, mais qu'ils s'efforcent désormais de produire des véhicules de qualité. Pour cela, il était nécessaire de leur donner le pouvoir de prendre des décisions et d'être responsable des problèmes qui pouvaient survenir en dehors de leur propre poste de travail.

La réputation de qualité de l'industrie japonaise depuis la Seconde Guerre mondiale doit beaucoup aux théories de management de W. Edwards Deming. Le désir d'Ohno d'améliorer la qualité en augmentant la clarté pour les travailleurs de la chaine était en effet une incarnation de l'appel de Deming à « améliorer constamment et continuellement »[1]. L'Américain inspira à Ohno la création d'une force de travail bien informée qui pouvait prendre des décisions d'affaires cruciales sans contrôle superflu du management. Cette nouvelle force de travail *Lean* était autorisée à « arrêter la chaine », ce qui est très révélateur. Si les travailleurs détectaient une erreur grave, ils pouvaient arrêter la production et charger une équipe de corriger immédiatement le problème.

Un meilleur accès à l'information, venant s'ajouter à une aptitude à améliorer les processus de l'entreprise, aboutit à une augmentation marquée de la productivité, de l'efficacité et de la satisfaction au travail. Faire preuve de respect à l'égard de travailleurs à la chaine, qui avaient été par le passé insuffisamment appréciés, s'avéra très fructueux pour Toyota.

Le Kanban était intrinsèquement lié au succès d'Ohno. Si le Kanban organisationnel de Toyota ne ressemble guère au Personal Kanban, il est pourtant basé sur les mêmes caractéristiques fondamentales. Il visualise le travail, assure un suivi de son flux, permet aux travailleurs de tirer, le travail quand ils ont la capacité nécessaire pour l'effectuer et révèle les domaines dans lesquels des améliorations sont nécessaires. C'est grâce à tout cela que Toyota a trouvé la voie de la stabilité et de la durabilité.

La plupart des systèmes de management sont mis en place pour stabiliser une entreprise (prendre le contrôle de son carnet de commandes, équilibrer les comptes) et promouvoir sa durabilité (permettre à l'entreprise de rester compétitive, innovante et rentable). Le Personal

---

1 W. Edwards Deming, *Hors de la crise*, Paris, Economica, 2002.

Kanban permet de prendre le contrôle des choses que vous avez à faire (votre *backlog*), de comprendre vos engagements et de tirer le travail plus efficacement afin de pouvoir de la même façon parvenir à la stabilité et à la durabilité, tout en innovant.

Au cœur de tout ceci se trouve là encore le concept de flux tiré. Le fait de tirer est essentiel à la stabilité et à la durabilité. Un système reposant sur un mécanisme qui oblige de façon rigide à agir est moins fait pour durer. En négligeant la capacité naturelle, les systèmes de flux poussés tendent à causer des goulots d'étranglement. Le travail est poussé en amont, que le travailleur ait ou non la capacité de traiter ce volume de travail. Dans un système à flux poussé, les problèmes de capacité sont révélés a posteriori. Le travail commence à s'accumuler et une telle accumulation peut dégénérer facilement, au point de mener à une situation d'urgence. Parce qu'il repose sur des estimations et n'anticipe pas le travail supplémentaire, le système à flux poussé peut seulement réagir au moyen de réponses coûteuses et tardives telles que les heures supplémentaires, le recrutement d'urgence et les retards.

Dans un système de travail à flux tiré les gens ne s'engagent à faire un travail que lorsqu'ils ont la capacité de le finir. Le nouveau travail est tiré quand les tâches précédentes sont accomplies, rendant le rythme d'exécution explicite. Dans un système à flux tiré, les managers savent ce que leur système est capable de traiter. Ils sont ainsi bien mieux à même de prédire les crises. Quand il est prévu qu'une pointe d'activité se produira dans trois mois, un système à flux tiré peut s'ajuster en conséquence sans tarder et éviter ainsi des solutions réactives coûteuses.

UNE LEÇON DE SAGESSE POUR LE SERVEUR

J'avais 14 ans quand j'ai eu mon premier petit boulot. J'étais serveur dans la restauration rapide et payé en dessous du salaire minimum. Je nettoyais quand les clients avaient fini leur petit déjeuner « santé ». Il s'agissait de ramasser ce qui pouvait rester de leurs crêpes, de leurs verres de Coca Cola vides et de leurs mégots de cigarettes. Comme le Personal Kanban, mon job d'aide-serveur reposait sur deux règles de base. Celles-ci étaient : « Éviter de parler aux clients » et « Tirer — et ne jamais pousser — mon chariot. »

Un jour en fin d'après-midi, un de mes collègues, tout heureux, car son service touchait à sa fin, poussait son chariot alors qu'il aurait dû le tirer. À une vitesse peu recommandable, ajouterai-je. Son chariot a alors frappé la bande de métal qui séparait la moquette de la salle à manger du lino de la cuisine. Les roues avant sont restées coincées et il a tout renversé. Sous les yeux des spectateurs horrifiés, les assiettes et les couverts sales ainsi que les fonds de tasses de café volèrent dans tous les sens en faisant beaucoup de dégâts. Je n'oublierai jamais l'expression stupéfaite de mon collègue. Il se tenait debout au milieu du dégât qu'il avait provoqué, ne sachant s'il devait pleurer comme un bébé ou bien éclater de rire comme un adolescent. En fin de compte, il fit l'un et l'autre.

Les clients avaient le souffle coupé : « — Mon Dieu ! »

Les cuisiniers le réprimandèrent : « — Tire ! Ne pousse jamais le chariot ! »

Les flux naturels

Le patron lui intima calmement : « — Rentre à la maison… et ne reviens jamais ! »

Mon collègue avait appris à ses dépens la différence entre pousser et tirer. Pousser tend à être un acte irréfléchi ; l'initiateur n'a qu'une idée limitée de ce qui se trouve devant lui. Quand vous poussez, vous allez de l'avant de façon peu rationnelle, *que ce soit pertinent ou pas*. La bande de métal qui séparait le sol des deux pièces était une contrainte. Quand le chariot l'a frappé à l'aveuglette, il s'est immobilisé brutalement et la poussée a causé des dégâts.

Par contraste, tirer est un acte réfléchi. Celui qui tire quelque chose voit ce qui se trouve devant lui et peut juger de la place qui est disponible pour manœuvrer. Tirer permet de traduire son intention en agissant de façon plus précise. C'est vous qui menez le jeu. Vous avez une excellente vue d'ensemble, vous contrôlez les choses et vos décisions sont de ce fait bien informées. Si mon collègue, qui venait de perdre son emploi, avait tiré son chariot, il aurait vu la bande de métal sur le sol. Il aurait donc compris qu'il fallait ralentir et prendre son temps pour guider doucement les roues par-dessus l'obstacle. Grâce à une telle information, le chariot aurait facilement négocié une telle contrainte.

Quand vous allez dans votre *backlog* pour en tirer une tâche de **PRÊT** vers **EN COURS**, vous faites un choix conscient basé sur l'espace disponible dans votre WIP. Vous sélectionnez une tâche qui va pouvoir harmonieusement s'insérer dans votre flux de travail. Si le fait de tirer le travail ne va pas vous rendre clairvoyant, cela vous donnera toutefois un aperçu des contraintes existantes et des risques de coût d'opportunité. En fin de compte, votre chariot risque bien moins d'être renversé.

Le travail est quelque chose qui est le plus souvent poussé vers soi par autrui. Lorsqu'on est surchargé de sollicitations et d'obligations, formuler des objections est rarement possible. Le management s'attend à ce qu'on « prenne le taureau par les cornes ». Dans de telles circonstances, lorsque les travailleurs essaient d'exercer une poussée contraire, ils ne peuvent guère se justifier parce qu'ils n'ont rien qui soit suffisamment crédible pour montrer qu'ils sont déjà débordés. Ils ont besoin d'un arbitre dans ce genre de situation, d'une tierce partie qui pourrait déclarer : « Cette personne est surchargée. Arrêtez de pousser plus de travail vers elle ». Comme il n'y a personne pour le faire, ils sont catalogués comme étant des pleurnicheurs ou — pire encore — comme quelqu'un qui n'a pas « l'esprit d'équipe »[2]. Il est commun pour des employés d'être catalogués comme ayant un niveau de performance insuffisant, ou même d'être congédiés, parce qu'ils ne réussissent pas à aller au-delà des limites de leur capacité. Quand les managers ne peuvent pas voir la charge de travail d'un employé, ils traitent celui-ci comme une ressource illimitée capable d'exécuter une quantité infinie de travail. Les employés ne sont pas inépuisables. Ils ont un débit maximum et ils

---

2 L'esprit d'équipe n'est pas un mauvais concept en soi. Dans la pratique toutefois, ce terme est souvent employé abusivement pour mettre à l'écart les personnes qui inspirent au groupe un sentiment de malaise. Il y a quelque chose d'insidieux dans le fait de coller à quelqu'un l'étiquette « n'a pas l'esprit d'équipe ». C'est non seulement impossible à prouver, mais c'est aussi là une condamnation universelle. Cela n'a pas de bon sens, c'est mal et de surcroit cela peut aboutir à une véritable chasse aux sorcières. Dans le travail avec autrui, il faut bien faire attention aux condamnations péremptoires, mais aussi avoir le courage de s'interroger sur leur signification quand ce sont les autres qui les formulent.

s'arrêtent brutalement quand ils sont surchargés, comme le faisait la minoterie d'Oliver Evans.

Le Personal Kanban rend nos engagements explicites et transparents. C'est la manifestation physique de votre charge de travail, vous permettant de dire : « Regardez ! Voici la réalité. Je veux faire un excellent travail pour vous. Voici ce que j'ai déjà à faire : comment faire pour accepter encore plus de travail ? » Reconnaître la réalité de votre situation et n'accepter du travail que lorsque vous avez la capacité de le mener à bien : c'est cela bien savoir tirer le travail.

POUR PRENDRE DU RECUL

▶ ***La réalité, c'est ce qui continue d'exister lorsque nous cessons d'y croire (Philip K. Dick).***

Semper Flexibilis ! Toujours flexible !

Le monde est par nature fait de variations. Les désastres naturels, les évènements imprévus ou encore les exigences d'autrui peuvent limiter notre capacité à tirer le travail comme nous le souhaitons. Il n'en reste pas moins que visualiser explicitement et de façon réaliste une charge de travail en apparence écrasante rend le travail beaucoup plus facile à gérer.

Pour pouvoir faire le travail pertinent au moment le plus opportun, il convient d'optimiser en fonction de la situation présente en restant toujours flexible. S'il est nécessaire d'être productif, il s'agit d'optimiser pour la productivité. Si l'efficience est à l'ordre du jour, optimisez en conséquence ! Il en va de même avec l'efficacité.

LES ASTUCES DU PERSONAL KANBAN

1. La vie est un équilibre entre l'ordre et le chaos.
2. Les tendances et les contextes sont souvent émergents. Ne vous enfermez pas dans des plans rigides avant d'avoir assez d'information.
3. Nos actions d'aujourd'hui ont des répercussions sur nos choix de demain.
4. Tirer les tâches ainsi que le flux et la cadence nous permettent de voir avec clarté comment nous travaillons et les options qui sont les plus de pertinences.
5. Pousser le travail est quelque chose que l'on fait à l'aveuglette, alors que le tirer repose sur des informations solides.
6. Tirer le travail est optimal, mais il est inévitable que du travail soit poussé vers soi. *Semper Flexibilis*. Il faut savoir rester toujours flexible.

CHAPITRE 5
LA RECETTE POUR UNE VIE DE QUALITÉ

▶ *Décidez de ce que vous voulez et de ce que vous êtes prêt à sacrifier pour l'obtenir. Établissez vos priorités et mettez-vous au travail* (H. L. Hunt).

Avez-vous déjà vécu une journée particulièrement exécrable ? Une de celles où le monde entier semble s'être ligué contre vous ? Nous en avons tous fait l'expérience. C'est bien le cas de Tonianne. En fait, elle a même eu droit à un mois complet comme cela. Voici son histoire :

Tout a commencé après avoir bien ri d'un courriel qu'une de mes amies m'avait envoyé. Il contenait mon horoscope qui me disait en substance de retourner me coucher et de rester au lit pendant un mois. Le jour même, ma voiture a été mise en fourrière et mon dentiste m'a dit que la douleur que je ressentais était probablement une sinusite, à moins que je n'aie besoin d'un traitement de canal, il n'était pas sûr exactement. Pour couronner le tout, la condensation dans mon système de ventilation a inondé trois pièces de mon appartement pour la quatrième fois en l'espace d'un an.

D'accord la vie ! Si tu veux te battre…

Je savais qu'avec un bon cocktail d'azote et de narcotiques, je pouvais supporter n'importe quelle chirurgie dentaire. En ce qui concerne ma voiture, j'ai fini par la récupérer, mais avec quelques égratignures supplémentaires en prime. Quelques jours après l'inondation, par contre, l'odeur qui se dégageait des murs était devenue insupportable. Des moisissures bénignes ? C'était peu probable, car ma toux persistante suggérait quelque chose de beaucoup plus sérieux. Je sentais que quelque chose n'allait vraiment pas avec mes poumons. J'avais assez lu sur le danger que représentaient les moisissures toxiques pour savoir que mon environnement était malsain. Je voulais en avoir le cœur net. J'ai fait ce qu'il fallait pour ça.

Les murs ont été soumis à une biopsie. L'échantillon d'une matière verte et noire a confirmé ce que je suspectais depuis le début : des moisissures toxiques. Des spores malignes s'étaient développées jusqu'à plus de deux mètres du sol. Les murs avaient besoin d'être immédiatement refaits. Ma famille avait deux heures pour évacuer les lieux.

OK. Je suis coriace. Je me suis dit que je pouvais tenir le coup, en pensant que le pire était derrière moi.

Sur le réfrigérateur, le calendrier me narguait : deux semaines ne s'étaient pas encore écoulées.

Une équipe de décontamination, avec des masques respiratoires et des vêtements de protection, a fait une intervention. Des échantillons ont été prélevés. Cela a bientôt été le tour d'une équipe de démolition. Elle a détruit les murs, gratté les poutres restantes et s'est assurée que rien de toxique ne subsistait dans l'air. Mon appartement s'était transformé en l'espace de quelques heures en un loft. Il ne restait plus que quelques murs.

Je suis revenue avec mon mari dans la soirée pour constater les dégâts. Jusqu'alors, j'avais gardé mon sang-froid, malgré la poussière, le désordre et même le ruban adhésif collé sur un buffet dix-huitième siècle qui était dans notre famille depuis des générations.

C'est alors que j'ai remarqué qu'il y avait des panneaux d'avertissement partout qui disaient : DANGER ! AMIANTE.

Génial ! L'Univers : 100. Tonianne : 0.

Trois jours plus tard, au beau milieu de tout ce chaos, j'ai commencé à travailler avec un client de rêve. Quatre jours plus tard, ma toux sèche s'accompagnait maintenant d'une température de 40 °C. J'ai donc dû m'abstenir d'aller travailler pendant deux jours. Au bout de cinq jours, mon appartement était de nouveau — enfin soi-disant — « habitable ».

À mon retour, luttant contre une sinusite doublée d'une pneumonie et souffrant également d'une côte cassée, comme je devais le découvrir par la suite, j'évaluais les dégâts.

Je ne savais pas par où commencer.

Les meubles étaient en désordre. Une mince pellicule de particules de plâtre couvrait tout. Les rideaux déchirés pendaient sur leurs tringles. Les nouveaux murs avaient besoin d'être peints. Les fils du téléphone, de l'internet et du câble avaient été endommagés. L'électricité n'était toujours pas rétablie dans les deux pièces où les fils électriques avaient été accidentellement coupés pendant la démolition.

La liste des tâches que ces évènements nous avaient imposée semblait interminable. Elle comprenait, entre autres :

- *Prendre rendez-vous avec le médecin pour s'assurer que je n'avais ni le virus H1N1, ni le mésothéliome, ni la peste bubonique ;*

- *Appeler un dentiste pour une seconde opinion à propos du canal dentaire ;*

- *Aller chercher les résultats des tests au laboratoire pour savoir à quoi nous avions été exposés ;*

- *faire venir les peintres et aller chercher la peinture au magasin de bricolage ;*

- *assurer le suivi du client ;*

- *envoyer la literie et les rideaux au nettoyage ;*

- *supplier la femme de ménage de venir travailler un samedi ;*

- *prendre rendez-vous pour l'installation du téléphone ;*

- *prendre rendez-vous pour l'installation du câble ;*

- *prendre rendez-vous avec l'électricien pour rétablir le courant;*

- *lire le courrier ;*

- *faire réparer la carrosserie de la voiture ;*

- *appeler le restaurateur de mobilier pour qu'il fasse un devis pour les réparations à effectuer sur le buffet ;*

- *déclarer le sinistre à la compagnie d'assurance ;*

- *examiner les vêtements, les chaussures, etc. qui avaient été exposés aux moisissures dans la penderie, pour voir ce qui pouvait être sauvegardé ;*

- *faire des recherches sur les moisissures toxiques ;*

- *faire des recherches sur l'amiantose.*

Complètement débordée, je me suis tournée vers la seule chose qui pouvait m'aider à surmonter la situation. Ni ma mère ni un Martini. Pourtant chacun d'eux aurait pourtant pu me soulager momentanément. Ce dont j'avais le plus grand besoin, c'était de quelque chose qui m'aiderait à remettre de l'ordre dans mes idées et garantirait des résultats à plus long terme. J'avais besoin de clarté. Je me suis donc tournée vers mon kanban personnel.

Armée de feuillets adhésifs et d'un tableau blanc, j'ai préparé mon plan d'opération. J'ai commencé à remplir mon **BACKLOG** *et à définir des priorités. J'avais au départ une masse géante et paralysante de j'ai-tellement-de-choses-à-faire-que-je-ne-sais-vraiment-pas-par-où-commencer. Quelques instants plus tard, elle s'était transformée en une série de tâches faciles à gérer et à exécuter. Ce qui était vraiment crucial, c'était la façon dont mon kanban personnel me permettait de concentrer mon attention sur les tâches qui avaient le plus de valeur à long terme (celles relatives à ma santé), plutôt que de m'encourager à commencer par les plus faciles, mais les moins importantes (faire réparer la carrosserie de la voiture ou restaurer le buffet).*

Comprendre quelles tâches tirer, mais aussi l'acte physique de tirer ces feuillets adhésifs dans la colonne **FINI**, *a réduit mon coût existentiel et m'a fait me sentir vraiment bien. À ce moment de ma vie, j'avais vraiment, vraiment besoin de me sentir bien.*

Le Personal Kanban nous offre non seulement la carte, mais aussi le récit de la façon dont nous travaillons. Il crée un système qui permet de comprendre et d'être récompensé immédiatement. Il favorise l'apprentissage, la cognition, l'éducation ainsi que le développement personnel. Nous avons déjà fait référence à la différence entre productivité et efficacité. Nous voulons faire un excellent travail. Nous voulons que nos efforts aient véritablement un impact important. Nous ne pouvons toutefois pas être efficaces sans véritablement comprendre notre contexte. Il nous faut, en effet, non seulement comprendre les décisions prises, mais également comment nous en sommes arrivés à les prendre.

LA MÉTACOGNITION : UN REMÈDE CONTRE LA SAGESSE POPULAIRE

La productivité : les livres, les conférences, les ateliers de formation et les consultants spécialisés sont innombrables dans ce domaine. Cette omniprésence nous rappelle que nos tentatives pour accomplir plus de choses et pour travailler plus vite ont lamentablement échoué. Les familles ont besoin d'au moins deux salaires. L'emploi du temps des enfants est aussi surchargé que celui d'un PDG. Nous travaillons de plus en plus, juste pour faire du surplace.

La productivité n'est peut-être pas vraiment notre objectif après tout.

Accomplir toute une quantité de *trucs* semble être devenu comme une obsession. Elle prend le pas sur faire *ce qui est pertinent* au *bon moment*. Nous nous concentrons sur la tâche à accomplir au point de perdre de vue la finalité du travail que nous entreprenons. Nous perdons de vue nos options, notre histoire et les possibilités de collaborer qui se présentent. Travailler ainsi n'est pas seulement contre-productif ; c'est également antiproductif.

Ne connaissant pas le contexte de notre travail, nous nous sentons limités et désorientés. C'est comme d'être prisonnier d'un labyrinthe complexe, nous empêchant de voir le paysage dans son ensemble et nous masquant son horizon. Nous errons sans but d'une tâche à l'autre, incapables de voir au-delà du prochain tournant. S'il était possible d'accéder à un point surélevé, nous pourrions avoir une vue d'ensemble et nous orienter. Nous pourrions voir les virages, les différentes routes possibles, les impasses et peut-être même le chemin de la victoire. Avoir une vue panoramique de notre travail nous aide à vraiment comprendre comment nous travaillons et comment nous prenons des décisions. Nous pouvons dès lors décrire nos choix et les justifier.

Se concentrer uniquement sur la productivité est déconseillé. Notre but c'est l'efficacité, aussi clarifier est-il indispensable. Faire la clarté en visualisant, nous permet ainsi d'identifier le travail pertinent au bon moment. Comprendre notre travail est toutefois insuffisant. Il est également nécessaire de comprendre nos processus de décision, d'appréhender le contexte, d'identifier ce qui est pertinent, de discerner les tendances émergentes et de choisir entre différentes options. Clarifier ce n'est pas seulement comprendre ce que nous faisons, c'est aussi en découvrir le pourquoi et le comment.

Le Personal Kanban est un outil métacognitif. Il nous permet de sélectionner ces éléments de compréhension qui ne sont pas coordonnés (les tâches individuelles) et de les situer dans un cadre permettant une compréhension systémique (une chaine de valeur avec des options claires). Un tel cadre nous donne une excellente idée du pourquoi et du comment de nos prises de décision. La métacognition, c'est la construction du « savoir sur le savoir. » Il s'agit ainsi de prendre conscience de notre façon de choisir ce que nous décidons de faire.

C'est pour cela que voir notre travail est utile. La visualisation permet à celui-ci de véritablement devenir un narratif. Ce dernier raconte l'histoire de nos vies quotidiennes avec une foule de détails révélateurs, tels que les acteurs, les évènements, l'endroit où ils se déroulent, leurs implications et ce qui s'est passé avant. Ce narratif est raconté à l'aide d'une carte qui représente, sous forme graphique, le contexte et les relations que notre travail comporte.

Sans carte, notre travail est simplement représenté sous une forme textuelle, comprenant une telle profusion de détails décousus, qu'il est difficile de ne pas en perdre le fil. Quand nous essayons de décrire les options et les arbitrages possibles dans notre travail, nous en arrivons rapidement à ce genre de discours :

« J'ai besoin de faire tout cela. Ces tâches sont pour untel ou untel. Elles ont besoin d'être faites avant cette date afin de me permettre d'obtenir tel résultat. Mais il y a aussi d'autres tâches avec d'autres échéances et d'autres résultats. Je sais également que je peux faire certaines tâches en un certain temps et que cette personne me pardonnera plus facilement que cette autre... »

Un texte est bien peu maniable. Pour le Personal Kanban, une image vaut mille mots.

PRODUCTIVITÉ, EFFICIENCE ET EFFICACITÉ

Productivité : Vous accomplissez beaucoup de travail, mais est-ce que c'est le travail pertinent ?

Efficience : Vous accomplissez votre travail facilement, mais celui-ci a-t-il l'impact maximum ?

Efficacité : Vous accomplissez le travail pertinent au bon moment… maintenant. Ce processus peut-il être répété ?

Malgré ce qu'affirment de nombreux auteurs, conférenciers, formateurs et coachs, la productivité ne doit pas être la mesure par excellence de la performance. Si le Personal Kanban nous aide certainement à être plus productifs, il nous permet aussi de devenir plus efficients et plus efficaces.

Examinons ceci de plus près. Le Personal Kanban, c'est :

- un outil pour la productivité : limiter notre WIP nous aide à accomplir plus de choses ;

- un outil pour l'efficience : se concentrer sur notre chaine de valeur nous incite à trouver comment faire plus avec moins d'effort ;

- un outil pour l'efficacité : expliciter nos options nous facilitant la prise de meilleures décisions.

Nous sommes tous capables de jaillissements de productivité, d'efficience et d'efficacité. De tels moments de clarté accrue s'accompagnant d'un sentiment prononcé du devoir accompli et de validation personnelle. Le psychologue Abraham Maslow parle d'« expériences paroxystiques », c'est-à-dire des états de conscience altérée relevant de l'illumination ou de la révélation dans lesquels la performance du sujet est optimale[1]. L'expression « être dans la zone » est communément utilisée pour décrire un tel état. Ce sont les moments où nous réalisons qu'à cet instant précis notre cerveau fonctionne de manière exceptionnelle. Cela nous procure un sentiment de plénitude à l'égard de notre travail et les actions qui en découlent semblent aller de soi.

Les expériences paroxystiques sont enivrantes

Nous devons nous féliciter d'avoir créé les conditions requises pour de telles expériences paroxystiques. Si nous ne reconnaissons pas les choses qui nous font nous sentir « dans la zone », nous réduisons ces expériences paroxystiques à d'heureux incidents, de simples jaillissements inattendus d'intelligence. De telles expériences n'ont pas vocation à être rares, tout au contraire. Une fois que nous avons compris ce qui cause de telles expériences paroxystiques, nous pouvons faire en sorte d'augmenter leur fréquence et leur durée pour créer des « expériences-plateau ». Faire la clarté sur notre travail, dont nous comprenons désormais la finalité, favorise de fréquentes expériences-plateau et même la proximité d'un état constant d'accomplissement personnel. Quand on est ainsi dans la zone, se montrer éminemment productif, efficient et efficace va de soi[2].

---

1 Maslow a ajouté une dimension spirituelle à l'accomplissement de soi qui dépasse la portée du présent ouvrage.
2 Abraham Maslow, *L'accomplissement de soi. De la motivation à la plénitude*. Paris, Éditions d'Organisation, 2004.

Le Personal Kanban rend notre travail explicite. Nous voyons ce que nous faisons, quels arbitrages seront envisageables, ce que nous avons fait par le passé et ce qui nous rend heureux. Cela nous permet d'interpréter nos options, de réfléchir à nos engagements et d'établir des priorités entre tout ce que nous avons à faire. Le Personal Kanban nous permet de trouver un équilibre entre la productivité, l'efficience et l'efficacité, et de les combiner en une démarche *Kaizen*. Quand nous sommes vraiment productifs, efficients et efficaces, il est plus probable que nous prendrons plaisir à ce que nous faisons et éprouverons une irrésistible envie de nous améliorer. Cela crée un cercle vertueux. La clarté nous permet de faire un excellent travail. Étant moins stressés, nous accomplissons encore un bien meilleur travail. C'est là l'essence même de l'épanouissement personnel.

DÉFINIR UN BON INVESTISSEMENT

En 2003, Gray Hill Solutions a développé un système avancé d'information aux voyageurs (ATIS) pour une grande métropole. Cette carte interactive de la circulation, accessible en ligne, a été le fruit d'une vision claire et réalisable. Encore aujourd'hui, elle continue de servir des millions d'usagers chaque jour. Quand je regarde ce site Web, je peux encore me souvenir distinctement des jaillissements de productivité, d'efficience et d'efficacité. Je revois le travail, les processus et les décisions, mais aussi les décrochages et les expériences paroxysmiques.

Pendant deux ans, différentes entreprises avaient tenté de construire cet ATIS, mais toutes avaient échouées. C'est seulement à mi-chemin qu'on avait fait appel à nos services. Notre mission était de compléter en quelques mois ce que les autres n'avaient pu mener à bien en deux ans. Le temps n'e jouait pas en notre faveur.

Repenser la conception, construire et lancer le site internet dans un intervalle aussi court était un véritable défi. Comme si cela n'était pas suffisant, notre contrat nous astreignait également à la rédaction de plusieurs rapports. Parmi ceux-ci se trouvait une documentation de design détaillée (DDD). Il s'agit d'un document provisoire pour une application logicielle, qui sert à guider le processus de développement en fournissant une description pointilleuse de ce qui est à construire.

Nous reprenions un projet qui était déjà en retard et nous avions besoin de commencer la conception immédiatement. Le client nous pressait pour que nous commencions par finir le site Web, pour ensuite terminer le DDD six mois après le lancement du site. Le DDD était un document utile dans les délais prévus initialement, mais n'avait absolument aucune valeur s'il était fait après la réalisation du site Web. Produire ce document après coup n'avait d'autre but que de respecter un élément obligatoire dans leur procédure. Nous avons supplié notre client de changer le document en un manuel de l'utilisateur ou de nous en dispenser complètement. Éventuellement, la bureaucratie l'a emporté et nous avons rédigé le DDD après la livraison du site.

Lorsque nous l'avons terminé, nous avons présenté un document de plus de 500 pages au client, qui l'a probablement mis dans un tiroir où il sommeille depuis. Si nous avons fait preuve de productivité en rédigeant un DDD, il y a peu d'indices d'une quelconque *efficacité* du document en question. En fait, la finalité de ce document n'était que de satisfaire à une exigence réglementaire. Si l'efficacité avait été l'objectif pour le client, le document en question aurait été conçu soit comme un manuel de l'utilisateur ou encore, pour économiser du temps et de l'argent, il n'aurait pas été rédigé du tout.

Nous voulons tous maximiser la valeur que nous offrons, que ce soit à nos clients, à nos familles ou à la postérité. Il y a peu de corrélations entre la satisfaction émotionnelle et la rémunération que nous recevons. La satisfaction (professionnelle, créative et émotionnelle) est souvent le résultant d'autres formes de récompenses. Pour avoir un sentiment de succès, d'épanouissement ou d'accomplissement personnel, nous avons besoin de nous sentir fiers de notre travail.

Ce qui nous motive le plus est en fait de savoir que notre travail est utile et que nos efforts ont un impact. Des millions de personnes continuent à utiliser notre site d'informations aux voyageurs chaque jour, mais le DDD est parfaitement inutile. Le rapport en question n'est synonyme que de productivité. Pour nous, en tant que professionnels, la productivité n'était pas aussi satisfaisante que l'efficacité.

Par contraste, le site Web est un excellent exemple d'efficacité, puisqu'une petite équipe a créé un produit très satisfaisant dont la valeur est évidente. La productivité seule n'est jamais un bon investissement. L'efficacité a beaucoup plus de valeur.

POUR PRENDRE DU RECUL

Notre objectif est de parvenir à un équilibre entre être productif, être efficient et être efficace. *Quelles tâches ou quels objectifs devriez-vous tirer pour parvenir à être heureux ? Pour exercer vos talents ou votre expertise ? Pour vous apporter satisfaction et bonheur ? Quelles sont les tâches qui sont en elles-mêmes une récompense ? Qu'est-ce qui vous pousse à faire des choses qui ne vous rendent pas heureux ? Quels choix sont nécessaires pour parvenir à un équilibre ? Comment pouvez-vous éliminer la friction de votre vie ?*

Le Personal Kanban nous aide seulement à apporter des réponses à ces questions. Il n'y a jamais de réponses définitives. La réponse parfaite n'existe pas. Il n'en est toutefois pas moins possible d'être plus heureux. Comprendre ses forces, formuler des objectifs qui en tirent pleinement parti et nous placent sur la voie du succès : tout ceci peut être accompli lorsqu'on parvient à la clarté.

LES ASTUCES DU PERSONAL KANBAN

1. Savoir visualiser dissipe l'anxiété.
2. La clarté nous permet d'améliorer non seulement nos décisions, mais aussi nos processus de décision.
3. Productivité sans efficacité ne rime à rien.
4. Les jaillissements d'efficacité, dont nous prenons conscience, sont au cœur de l'expérience paroxysmique.
5. Les expériences paroxysmiques rendent le *Kaizen* possible.
6. Comprendre notre travail et savoir définir les priorités nous permet de trouver l'équilibre entre le travail qui nous est imposé et celui que nous choisissons.

CHAPITRE 6
DÉCOUVRIR SES PRIORITÉS

▶ *Connais ton adversaire et surtout connais-toi toi-même et tu seras invincible* (Sun Tzu).

Pendant des années, je me suis fixé comme objectif de marcher au minimum 10 000 pas chaque jour. J'avais en permanence un podomètre sur moi et je ne reculais devant rien pour atteindre un tel objectif. Même lorsque je prenais un appel téléphonique, je me levais de mon bureau et, tout en parlant, je dévorais quelques volées d'escaliers ou je faisais le tour de l'immeuble où se trouvait mon bureau, juste pour voir le nombre grimper sur mon podomètre.

Le résultat : j'étais en forme et en bonne santé.

Un beau jour, la batterie de mon podomètre s'est épuisée. J'ai négligé de la remplacer pendant plusieurs mois, jusqu'à ce que j'aie rédigé la moitié de ce livre, sans trop penser que c'était un problème. Installé devant mon ordinateur portable entre douze et quinze heures par jour, je ne me levais plus et j'avais *complètement* arrêté de marcher.

Mon humeur et ma santé s'en ressentaient.

Mon podomètre était pour moi un instrument de mesure, une source de motivation et un contrôle visuel. Je voyais à tout moment où j'en étais de mon objectif et le nombre de pas restant à effectuer pour l'atteindre. Tant que j'avais accès à ce point de repère, l'action était immédiatement récompensée (satisfaction) ou au contraire l'inaction immédiatement punie (déception).

Grâce à mon podomètre, la clarté était de mise et je donnais la priorité à la marche.

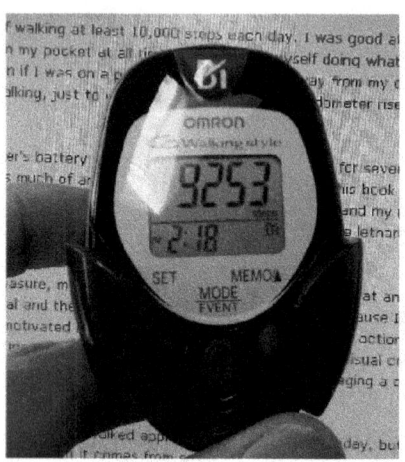

Sans lui, mes pas n'étaient désormais plus mesurés de façon explicite : il n'était plus possible de mesurer la valeur de la marche en tant qu'exercice. Tant que je n'avais plus de pile, sans en avoir conscience, en l'absence de point de repère, marcher n'avait plus la priorité. Le contrôle visuel me à forçait honnête .

Supposons que je sois un « expert » de la marche. J'ai des connaissances en matière de biométrie, de chaussures et de technologie. J'ai marché tant sous la pluie que dans la neige, dans presque chacun des 50 États américains et sur trois continents. Je devrais être capable d'estimer mon nombre total de pas. Ainsi aujourd'hui, j'ai été extrêmement actif et j'ai estimé le nombre de mes pas à environ 14 000. Sans un point de repère visuel, même l'estimation d'un expert demeure très aléatoire. Le podomètre avec une pile toute neuve que j'avais dans ma poche m'a en effet immédiatement démontré que j'avais tort : je n'avais fait que 9 253 pas. Le podomètre me montre « exactement » où j'en suis.

Gérer un concept n'est qu'un jeu de devinette. En l'absence d'un contrôle visuel, nous ne faisons pas d'estimation, nous nous contentons de deviner. Nos conjectures sont basées sur ce que nous *pensons* relever d'une clairvoyance particulière, fruit de notre expérience. Cependant, en réalité, ces estimations sont fondées sur des informations incomplètes et inadaptées, qui sont façonnées par nos espoirs et nos craintes. D'humeur joyeuse, j'avais fait preuve d'optimisme et surestimé le nombre de mes pas. En l'absence d'une mesure objective, nos estimations sont fonction de nos émotions.

C'est bien malheureusement ainsi que la plupart des entreprises, des équipes et des personnes mesurent leur travail. Nombre d'entre nous considèrent être des experts dans nos métiers respectifs et nos estimations sont basées sur notre mémoire. Nous nous souvenons de combien de temps cela nous a pris pour exécuter une tâche et intégrons une telle estimation dans notre planification. Ces conjectures ne sont toutefois que de bien piètres substituts à des observations bien réfléchies. Les estimations procèdent plus souvent de la projection de nos fantasmes qu'elles ne reflètent la réalité.

Les meilleures estimations de notre travail futur prennent en compte tout autant la façon dont nous avons effectué un travail par le passé que la fréquence à laquelle nous avons rencontré de gros problèmes. Si nous complétons une tâche en deux heures, cela ne veut pas dire qu'il est possible de la refaire 4 fois dans une même journée de travail de 8 heures, ou encore 20 fois dans une semaine de travail de 40 heures. Il y a une différence entre le temps qui a été nécessaire pour accomplir une tâche par le passé et celui que nous devons prévoir pour la répéter. Notre contexte change constamment. Prévoir du mou est nécessaire afin de pouvoir prendre en compte la variabilité, les interruptions et l'innovation. Une tâche de deux heures ne prendra parfois qu'une heure et demie, mais d'autres fois plus de quatre. Ceci est dans la nature même du travail. Nous avons besoin de flexibilité pour ajuster ce que nous faisons en fonction de notre contexte.

STRUCTURE, CLARTÉ ET APTITUDE À DÉFINIR LES PRIORITÉS

Dans son livre C'est *(vraiment ?) moi qui décide,* Dan Ariely, professeur au MIT, décrit une expérience sur les options[1]. Il avait donné à trois groupes d'étudiants un type différent d'échéance pour rendre un devoir :

- le premier groupe avait reçu une échéance ferme ;

- chaque étudiant du second groupe avait choisi à l'avance sa propre échéance ;

- aucune échéance n'était à respecter pour le troisième groupe : chaque étudiant pouvait rendre son devoir quand il le souhaitait pendant le trimestre.

---

1 Dan Ariely, *C'est (vraiment ?) moi qui décide*, Paris, Flammarion, 2008.

Dans les trois cas, les devoirs en retard étaient pénalisés. Le professeur Ariely put ainsi constater que le groupe qui avait reçu des échéances fermes avait obtenu les meilleures notes. Il était suivi par celui dont les élèves avaient pu choisir leur propre date de soumission. La dernière position était occupée par le groupe dans lequel les étudiants avaient pu rendre leur travail quand ils le voulaient.

Libres de soumettre leur devoir quand ils le souhaitaient, les étudiants en question n'auraient-ils donc pas dû être à même de mieux planifier la recherche, la rédaction et le temps passé à éditer le travail ? *N'auraient-ils pas dû exceller dans cet état de nirvana du travail tiré ?*

Dan Ariely explique un tel décalage par la procrastination. Il formule ainsi l'hypothèse selon laquelle les échéances imposées seraient la meilleure formule. Cette expérimentation illustre toutefois également à quel point la clarté est essentielle à la définition des priorités.

Avec une grande clarté, les priorités sont faciles à définir

Les étudiants à qui des échéances avaient été dictées (poussées) étaient capables d'établir des priorités dans leur travail. Ils acceptaient l'idée d'une échéance ferme et ils comprenaient les conséquences de ne pas la respecter. Ce que l'on attendait d'eux était clair. Une telle clarté les contraignait à définir des priorités. C'était là un type de système familier pour les étudiants.

Avec un peu moins de clarté, les priorités sont moins faciles à définir

S'imposer sa propre échéance ne fournit qu'un peu de la clarté d'une échéance imposée. Dans ce cas, les étudiants ont vraisemblablement choisi leur échéance en fonction des échéances dictées (poussées) pour les autres cours. Ils ont ensuite réfléchi au meilleur moment pour finir le devoir à rendre au professeur Ariely. Le problème était qu'ils prenaient moins au sérieux les échéances qu'ils s'étaient imposées à eux-mêmes. Comme elles n'étaient pas externes, ces échéances pouvaient être révisées, mais pas complètement ignorées.

Quand la clarté fait défaut, les priorités ne sont pas bien définies

En l'absence d'échéance à respecter, les étudiants manquaient de points de repère et par conséquent la clarté faisait défaut. Les échéances imposées des autres groupes prenaient donc le pas sur celles du professeur Ariely qui n'en avaient pas. En théorie, supprimer les échéances aurait dû créer un système à flux tiré pour les étudiants, puisqu'ils pouvaient travailler sur leur devoir quand cela leur convenait. Il semble que le problème était ici ni le concept de travail à flux tiré ni la procrastination des étudiants, mais bel et bien le fait qu'ils n'avaient pas l'habitude d'un système de travail à flux tiré dans un environnement dominé par les flux poussés.

S'il était censé favoriser l'efficience et l'efficacité, le système à flux tiré était par trop étranger aux étudiants du professeur Ariely. Ils avaient l'habitude des échéances imposées du système à flux poussé. Ils ne savaient donc pas comment s'y prendre pour réconcilier les exigences divergentes des deux systèmes.

Ils avaient besoin d'un outil permettant d'expliciter ces valeurs et de les représenter visuellement afin de pouvoir concilier ce qui était requis pour leurs autres cours (flux poussé) et pour ceux du professeur Ariely (flux tiré).

Le Personal Kanban aurait explicité leur contexte en le visualisant. Les étudiants d'Ariely ont démontré qu'une échéance fournissait un substitut, en l'absence de clarté. Le devoir à rendre pour son cours n'était pas moins important que les autres, mais les étudiants avaient besoin qu'un repère familier, comme une échéance, joue un rôle de déclencheur pour les faire agir. Comme les échéances étaient moins rigides, une forme différente de déclencheur leur était nécessaire.

Visualiser leur travail aurait montré aux étudiants à quel moment tirer ce qu'il y avait à faire pour la classe du professeur Ariely, même lorsque les échéances basées sur le flux poussé approchaient. Selon toute vraisemblance, les étudiants étaient absorbés par leurs devoirs surtout en fin de semestre. Grâce au Personal Kanban, la priorité aurait été donnée plus rapidement pendant le semestre aux devoirs du professeur Ariely, à un moment où leur charge de travail restait modérée et les échéances étaient encore peu nombreuses.

CONTRÔLER LA TAILLE DES TÂCHES ET LIMITER LE WIP

▶ *Les plans sont inutiles, mais planifier est indispensable* (Général Dwight Eisenhower).

Beaucoup d'outils de productivité recommandent de découper le travail en petits morceaux. Les petites tâches sont plus faciles à appréhender et à exécuter. Quand vous entreprenez de petites tâches, vous investissez moins de temps dans le résultat, réduisant ainsi le coût du changement et de l'échec.

Contrôler la taille des tâches tient lieu, en soi, de limite du WIP du pauvre. Toutefois, morceler simplement les tâches ne suffit pas : les petites tâches, non gérées, peuvent s'accumuler et devenir accablantes. La réduction de la taille des tâches n'est vraiment efficace que lorsqu'elle est accompagnée par une limitation du WIP. Les tâches sont alors accomplies plus rapidement, les résultats deviennent mesurables et le coût existentiel est minimisé. Nous devrions donc nous concentrer avant tout sur la limitation du WIP et sur l'exécution des tâches, réduire la taille de ces dernières n'étant qu'une préoccupation secondaire.

Il est bon de vouloir réduire la taille des tâches pour rendre notre travail plus facile à gérer, mais sans pour autant devenir obsédé par cette pratique ou en devenir l'esclave. Nous voulons éviter de nous empêtrer dans les détails et de prendre des engagements de façon prématurée. Les gens, en règle générale, passent trop de temps à estimer la taille, le coût et l'impact de leur travail. Ils planifient trop en amont, et comme le contexte change, ils se retrouvent à changer continuellement leurs plans originaux. La planification devrait produire le minimum de gaspillage et non pas devenir un surcoût.

Avec le Personal Kanban, la planification est presque permanente et s'intègre au flux de notre travail. Le narratif de notre travail prendre forme sous nos yeux. Nous voyons le contexte, sa progression naturelle et les différentes options possibles. Un tel éclairage nous permet de prendre des décisions vraiment bien informées.

Le contexte, les tâches et les sous-tâches d'un projet sont sujets à changement. Planifiez, estimez et divisez les tâches au dernier moment responsable. Nous voulons que notre planification se déroule au moment où elle peut être la plus efficace, quand assez d'information est disponible et quand il n'y a pas d'alternative à commencer le travail en question.

DÉFINIR LES PRIORITÉS : THÉORIE ET PRATIQUE

▶ *Aucun plan de bataille ne survit au contact avec l'ennemi* **(Général Carl von Clausewitz).**

Peu importe que vous gériez une multinationale ou le programme hebdomadaire de votre famille, les options sont fondamentales dans la définition des priorités. Définir des priorités est une décision cruciale : nous passons en revue les différentes options et choisissons celles qui méritent notre attention immédiatement ou bien dans un avenir proche[2]. Établir des priorités implique l'exercice d'une option ou simplement de déterminer si une option mérite d'être exercée ou pas.

Cette section du livre présente des techniques simples pour vous aider à établir les priorités efficacement. L'idéal est de le faire en fonction du contexte. Quand il s'agit de tâches personnelles, le contexte et les options changent constamment, aussi les méthodes de définition des priorités doivent-elle permettre le sur-mesure afin de s'adapter à la situation. Il est essentiel de rester suffisamment souple pour s'adapter et établir des priorités en vol.

Pourquoi ?

Nous voulons en permanence faire la chose la plus pertinente. Nous voulons choisir entre les différentes options aussi bien que possible. Si certaines d'entre elles ont indéniablement une valeur immédiate, il y en a d'autres que nous devrions par contre choisir en fonction des fruits qu'elles porteront à long terme. Nous établissons des priorités en pensant au profit, à la santé, au bonheur et à la famille, par altruisme ou en fonction de toute une série d'autres critères plutôt complexes. En ayant un œil sur l'efficacité à court terme et l'autre sur celle à long terme, nous évitons les pièges de la productivité non maîtrisée et de la planification incessante.

Rappelons-nous que Carl n'avait pas besoin de figurer en une nuit chaque étape de son plan de quatre ans pour financer les études de Julie. Il est de même préférable pour

---

2 La théorie des options réelles, qui est utilisée pour les opérations sur options en bourse et certaines approches de la prise de décision, repose sur une solide base scientifique. Il est possible de tirer de grandes leçons de la théorie des options réelles en ce qui concerne le travail personnel, mais tel n'est pas le propos de ce livre.

nous de permettre à nos projets d'évoluer de la façon la plus adaptée en fonction de leur contexte. Cela ne veut pas dire que nous devrions attendre pour penser à l'avenir. Au contraire, cela signifie que nous ne devrions décider d'entreprendre du travail qu'en réfléchissant bien, seulement par tranches que nous pouvons effectivement mener à bien, tout en restant préparés à réviser nos plans initiaux lorsque le contexte l'exige.

Il y a d'innombrables façons d'organiser notre *backlog*. Les visualisations suivantes n'en présentent qu'une poignée qui est un bon point de départ. Elles vous aideront à voir quelles sont vos options en vous permettant de rester suffisamment flexibles de manière à gérer les réalités changeantes de la vie.

URGENCE ET IMPORTANCE

À la fin de 2009, une utilisatrice du Personal Kanban, Eva Schiffer, nous a écrit ceci :

> *Je viens juste d'effacer ma liste de tâches et de la transformer en quelque chose qui ressemble à un kanban. Le format de liste de tâches qui a toujours bien fonctionné pour moi comporte quatre catégories :*
>
> - *Important et urgent*
> - *Important, moins urgent*
> - *Moins important, urgent*
> - *Moins important, moins urgent*

Cela m'aide beaucoup. Normalement, j'aime les tâches moins importantes, moins urgentes. Cela mène souvent à des résultats créatifs intéressants. Il est toutefois crucial pour moi de surmonter ma procrastination et de m'assurer que je ne me contente pas de m'impressionner moi-même avec le nombre de tâches que j'effectue, mais aussi que je m'attaque aux tâches qui sont les plus urgentes et/ou les plus importantes.

Eva assigne chacune des tâches de son backlog au quadrant pertinent, ce qui l'aide à identifier le contexte fonctionnel de son travail et facilite la définition des priorités. Adaptée d'un système utilisé par le Général Dwight Eisenhower, et plus tard popularisé par Stephen Covey, la « matrice de la gestion du temps » met l'accent sur l'urgence et l'importance relative de nos tâches[3].

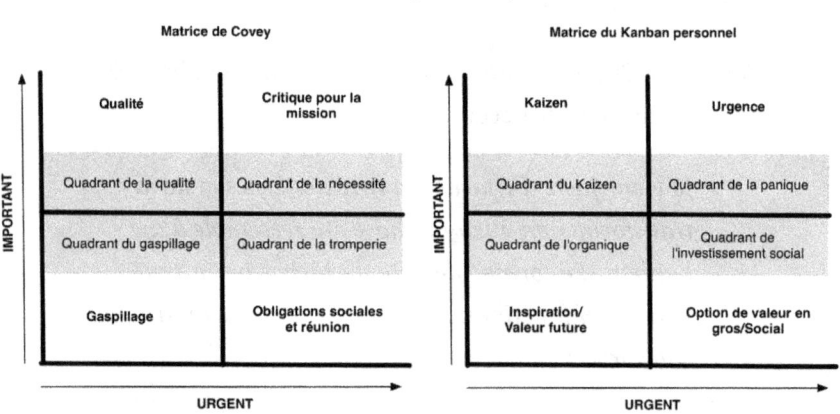

Covey définit les activités qui appartiennent à chaque quadrant, offrant des recommandations sur la meilleure

---

3 Stephen Covey, *Les 7 habitudes de ceux qui réalisent tout ce qu'ils entreprennent*, Paris, First, 1991 *et Priorité aux priorités : vivre, aimer, apprendre et transmettre*, Paris, First, 1998.

façon d'utiliser notre temps et sur les activités à éviter. Si ce système a le mérite de permettre la visualisation de certains contextes clés du travail, une telle définition rigide nous décourage toutefois de nous engager dans des activités d'une valeur inconnue ou hautement aléatoire.

Combinée avec notre kanban personnel, la matrice de la gestion du temps ajoute une nouvelle dimension contextuelle à notre *backlog*. Elle crée ainsi une façon d'évaluer les options et une matrice *Kaizen* aussi positive que proactive. Pour décrire cette nouvelle approche, examinons comment le Personal Kanban permet d'élargir l'interprétation de Covey.

URGENT ET IMPORTANT

Covey classique : le quadrant de la nécessité. Il représente les tâches qui sont à la fois urgentes et importantes, tel que la réponse à apporter aux évènements critiques pour la mission, les urgences, les échéances, les demandes des clients en colère et les tâches à faire pour votre conjoint ou conjointe qui ont dégénéré. Il s'agit du quadrant dans lequel votre expertise et votre valeur personnelle sont pleinement sollicitées. Covey suggère d'y placer vos meilleurs employés. Ces tâches très stressantes se montrent souvent immédiatement et indéniablement payantes.

Personal Kanban : le quadrant de la panique. La méthode de Covey concentre son attention sur ce quadrant, alors que le Personal Kanban le remet en question. Il demande pourquoi ce quadrant, qui est source de stress, n'est-il pas vide. *Des mesures préventives pourraient-elles supprimer les tâches urgentes et importantes ? Constituent-elles une réponse à une véritable urgence ? Sont-elles causées par un certain type de comportement ? Ont-elles tendance à se répéter ?* Ce quadrant devrait être réservé aux tâches qui sont d'une urgence et d'une importance imprévues. Il ne devrait pas comprendre celles que nous avons négligées en procrastinant ou que nous avons mises de côté jusqu'à ce qu'elles deviennent des urgences.

Les tâches dont le statut finit par dégénérer en « urgent et important, » doivent être identifiées pour une rétrospective. Dans la logique du Personal Kanban, ce sont les employés de base qui s'occuperont de ce quadrant. Les employés les plus performants quant à eux se consacreront au quadrant de l'« important, mais pas urgent ». À long terme, cela permettra de réduire considérablement l'activité dans le quadrant de l'« urgent et important ». Nos éléments les plus performants ne sont en effet pas à leur place dans ce quadrant. Notre objectif devrait être d'éviter les urgences et non pas de réagir à celles-ci.

IMPORTANT, MAIS PAS URGENT

Covey classique : *le quadrant de la qualité et du leadership personnel.* Ce quadrant correspond aux tâches qui sont importantes, mais pas urgentes. Il en est ainsi des activités liées à la qualité comme l'amélioration des compétences, l'élimination des goulots d'étranglement et la promotion de l'efficacité. C'est dans ce quadrant que les améliorations potentielles et les évènements *Kaizen* prennent place.

Personal Kanban : le quadrant du Kaizen. Ce quadrant comprend les activités liées à la qualité : le temps et les efforts déployés ici sont des investissements dans la qualité future. Promouvoir ce quadrant et lui accorder la priorité est l'essence même du *Kaizen*. Puisque ces tâches fournissent des résultats futurs plutôt qu'immédiats, ils sont souvent négligés en faveur de l' « urgent et important ». Vous devriez concentrer votre attention sur ce quadrant parce que plus vous ignorez les tâches qui s'y trouvent, plus elles seront attirées par le quadrant de la panique comme par un aimant. Un tel quadrant est l'antidote de la panique.

URGENT, MAIS PAS IMPORTANT

Covey classique : le quadrant de la tromperie. Ce quadrant contient les tâches qui sont imposées de façon externe, les activités de nature sociale, telles que les conversations téléphoniques, les visiteurs et les réunions. Covey recommande de limiter les tâches dans ce quadrant, car elles sont trompeuses : elles apparaissent comme étant productives, mais en réalité elles nous font perdre notre temps.

Personal Kanban : le quadrant de l'investissement social. Séparer « urgent, mais pas important » est quelque chose de subjectif. Les tâches de ce quadrant peuvent très certainement être une perte de temps, mais en êtes-vous bien certain ?

La valeur réelle des conversations téléphoniques, des rencontres avec des visiteurs et des réunions qui finissent par ne plus avoir aucun rapport avec leur propos ne devient bien souvent évidente que beaucoup plus tard. Vous allez peut-être rencontrer huit clients potentiels au cours d'autant de dîners. Personne ne vous donnera signe de vie jusqu'à ce que l'un d'entre eux vous appelle six mois plus tard. Vous décrochez un contrat valant des millions par l'intermédiaire d'un contact de l'un de vos interlocuteurs.

Les autres sept rencontres auront-elles donc été une perte de temps ? Auriez-vous dû n'avoir qu'une seule réunion ? Comment auriez-vous su à l'avance laquelle des huit allait être la « réunion qui valait le coup » ? Chacune de ces réunions était un investissement dans un portefeuille d'options sociales.

PAS URGENT ET PAS IMPORTANT

Covey classique : le quadrant du gaspillage. Les actions dans ce quadrant sont supposées être des « pertes de temps ». Ce sont ces « activités plaisantes » qui ne fournissent aucune valeur apparente et nous empêchent d'être productifs[4]. Covey recommande d'éviter les actions qui trouvent leur place dans ce quadrant.

Personal Kanban : le quadrant organique. C'est votre vie. C'est à vous de choisir vos passe-temps, de déterminer ce qui est du gaspillage ou au contraire a pour vous de la valeur. Certains trouvent que jouer à des jeux en ligne ou surfer le Web est contreproductif. Il y a cependant nombre d'histoires d'amour qui ont commencé sur *World of Warcraft* ou d'occasions d'affaires favorables qui se sont présentées sur Twitter. Ce quadrant peut correspondre à ce qui représente une perte de temps, mais aussi aux activités auxquelles vous prenez plaisir — le plaisir c'est très positif ! — et qui peuvent fort bien se révéler être d'une réelle valeur à l'avenir.

Pensez à ce quadrant comme à un jardin dans lequel les options peuvent germer et se développer. Il y a de nombreuses graines, beaucoup de fumier et un sol riche. Stephen Covey ne reconnaît que le fumier. C'est dans ce

---

[4] Stephen Covey, *Les 7 habitudes de ceux qui réalisent tout ce qu'ils entreprennent*, Paris, First, 1991.

quadrant que l'on conduit des expérimentations et que l'on explore de nouvelles options jusqu'alors inimaginables. Ces dernières ne sont pas toujours découvertes pendant la planification ; tout au contraire, elles sont souvent le fait du pur hasard. Dans les trois autres quadrants, vous trouverez du travail, alors que c'est ici que vous puiserez l'inspiration. C'est le quadrant organique.

VRAIMENT VIVRE SA VIE

▸ *Le temps que vous prenez plaisir à perdre n'est pas du temps perdu* (John Lennon).

La matrice de la gestion de temps de Covey prescrit d'accorder la priorité à certains quadrants et d'éviter les autres. Si certains quadrants ont tendance à dominer, chacun d'entre eux est indispensable à une vie équilibrée. Avec Personal Kanban, ces quadrants fonctionnent comme un écosystème : ils peuvent tous être source de valeur ou de gaspillage. Afin d'optimiser la matrice, il est nécessaire d'équilibrer nos priorités, d'investir le temps nécessaire pour s'occuper des urgences, pour s'efforcer de s'améliorer et pour se donner le temps pour de saines interactions sociales et pour l'exploration de nouvelles options.

Le filtre de priorités

La matrice de la gestion du temps nous offre une façon de catégoriser notre travail, mais ses quadrants fixes ne révèlent pas le flux. Stephen Covey dénigre les deux quadrants inférieurs en partant du principe que de telles tâches ont peu ou prou de valeur. Nous pensons par contre que leur valeur ne devient apparente qu'avec le temps.

Nous raisonnons en termes de valeur lorsque nous établissons des priorités : nous choisissons en premier les tâches auxquelles nous attachons la plus grande valeur. Il arrive que nos priorités deviennent apparentes dans le flux, mais pas dans des quadrants fixes. La valeur, tout autant que les priorités, évolue avec le contexte.

Le filtre de priorités de Corey Ladas permet de créer un système de flux pour la définition des priorités[5]. Des colonnes d'une capacité limitée montrent les tâches qui cheminent lentement depuis votre **BACKLOG** vers **EN COURS.** Leur capacité diminuant progressivement, il devient donc indispensable d'analyser sa priorité du moment, lorsqu'on tire une tâche. Prenant en considération la façon dont notre contexte change dans le courant d'une même journée, le filtre de priorités nous permet de mieux nous concentrer sur les priorités, sans prendre d'emblée d'engagement vis-à-vis d'une tâche particulière.

---

5 Corey Ladas, *Scrumban : Essays on Kanbam Systems for Lean Software Development*, Seattle, Modus Cooperandi Press, 2008, p. 163.

Le filtre de priorités distille visuellement les tâches de haute priorité de notre *backlog* et les met bien en évidence. Contrairement à la matrice de la gestion du temps de Covey, le filtre de priorités n'établit aucun jugement de valeur sur nos actions. Il ne nous dicte pas non plus quelles tâches devraient être exécutées en premier. Il est tout au contraire basé sur le contexte et la flexibilité, faisant en permanence prendre conscience de nos présuppositions relatives aux priorités.

Définir les priorités selon la méthode GTD

Créé par David Allen, *Getting Things Done* (GTD) est une méthode d'organisation qui permet de contrôler les *backlogs* et de capturer les idées relatives au travail à venir[6]. Comme le Personal Kanban, GTD permet de mieux comprendre pourquoi et comment nous entreprenons un travail donné.

La méthode GTD repose sur un système de listes et de dossiers. Des revues régulières permettant de faire l'inventaire et de gérer d'énormes *backlogs,* tant actifs qu'inactifs. Pensez au GTD comme à une cave à vin pour vos idées, qui permet de classer de façon cohérente un grand nombre d'options qui viendront à maturité avec le temps.

Personal Kanban, tout comme GTD, s'efforce de réduire la paralysie de l'analyse si souvent causée par une quantité écrasante de travail. Combiner ces deux méthodes crée un système où les grands projets à long terme peuvent être stockés dans des dossiers de GTD et incorporés dans votre kanban personnel quand ils sont prêts à être traités de façon efficace.

---
6 David Allen, *S'organiser pour réussir*, Paris, Leduc Éditions, 2008.

Des couleurs et des formes différentes selon les types de tâches

Une carte géographique utilise des couleurs et des formes différentes afin de communiquer différents types d'information. Vous pouvez procéder de la même façon avec votre kanban personnel, que vous utilisiez un tableau blanc, un chevalet à feuilles mobiles ou encore un logiciel. Se servir de couleurs et de formes différentes est une façon aussi simple qu'efficace de visualiser clairement les tâches, les projets, les collaborateurs, mais aussi le degré de priorité. Vous pouvez même les utiliser pour identifier des tendances émergentes, telles que les tâches sur lesquelles vous procrastinez de façon régulière ou qui tendent à nécessiter une assistance externe.

Mon manque de goût pour le travail administratif est légendaire. S'il s'agit de tenir des comptes, de soumettre un rapport d'impôt ou de demander des remboursements quelconques, je vais probablement laisser ces corvées s'accumuler jusqu'à la toute dernière minute raisonnable (ou probablement un peu plus tard), en maugréant sans cesse. J'utilise donc des feuillets adhésifs orange vif pour de telles tâches sur mon kanban personnel.

Même si nous ne traînons pas tous les pieds devant des tâches que nous n'aimons guère, il nous arrive de nous montrer *complaisants en les traitant comme si elles avaient une bien moindre priorité*. Leur assigner une couleur ou une forme particulière les rend plus visibles. Aussi est-il plus difficile de les ignorer quand elles s'accumulent dans notre *backlog*. Visualiser ces tâches souligne leur coût existentiel jusqu'à ce que nous prenions enfin le taureau par les cornes et en traitions un grand nombre *tout d'un coup*.

Utilisez un peu de créativité pour mettre en relief certains types de tâches qui nécessitent une attention toute particulière. Un accent visuel est parfois tout ce qu'il faut pour nous inciter à agir.

NIVEAU EXPERT : LES MÉTRIQUES DANS LE PERSONAL KANBAN

▶ *On peut observer bien des choses, rien qu'en regardant* (Yogi Berra).

Les métriques nous aident à apprécier nos progrès, à valider nos performances, à faire le point sur nos objectifs et à comprendre dans quel domaine nous avons besoin de nous améliorer. Comprendre vraiment son contexte est crucial pour qui veut progresser. Les métriques doivent refléter le contexte et montrer la différence entre les objectifs et ce qui a été effectivement réalisé. Carl et Tonianne voulaient voir précisément où ils en étaient dans leurs projets respectifs : le financement des études de sa fille pour l'un, et l'assainissement de son appartement pour l'autre. Avec le Personal Kanban, ils pouvaient chacun suivre ce qui était déjà fait et ce qui restait à accomplir pour atteindre leurs objectifs. Ce type de connaissance de la situation est probablement l'indicateur le plus précieux dont nous disposions.

Voir la route relève de la connaissance de la situation, la jauge de niveau de carburant est, elle, une métrique. Combiner la visualisation du travail avec des métriques nous permet de parfaitement comprendre la situation présente. Avec des métriques bien choisies, nous pouvons tout à la fois effectuer le suivi des évènements passés et prévoir les résultats possibles, ce qui nous permet de vérifier nos hypothèses.

Collectionner des métriques sans les utiliser constitue une forme de gaspillage ; choisissez-les donc soigneusement. Assurez-vous qu'elles soient bien pensées afin d'appuyer activement une hypothèse. Si vous vous rendez compte qu'un changement se produit et que vous voulez le prouver, établissez un objectif, formulez une métrique, commencez à la suivre attentivement et continuez à la mesurer, aussi longtemps que cela reste pertinent.

Attention ! Ne soyez toutefois pas aveuglés par vos métriques. Ne vous reposez pas trop sur elles sans vous assurer que vous avez toujours une bonne connaissance de la situation.

Le Personal Kanban n'assure pas seulement un suivi du flux de travail, il produit également une quantité de données sur lesquelles il est possible de baser son action. Il offre ainsi des indications sur les causes profondes des contre-performances comme des succès. Il fournit ainsi des possibilités de corriger les mauvaises habitudes, de codifier les processus bien rodés, de fixer des objectifs réalistes et, au fil du temps, d'améliorer systématiquement la performance. Ces enseignements peuvent résulter de mesures quantitatives et tout particulièrement de vérifications empiriques[7].

Le Personal Kanban est un système souple qui ne comporte que deux règles fondamentales : visualisez votre travail et limitez votre WIP. En utilisant les métriques décrites ci-dessous, vous pourrez tirer un meilleur parti de votre kanban personnel.

La métrique n° 1 : votre instinct

> *La seule chose qui vaille au monde, c'est l'intuition* (Albert Einstein).

Rendre le travail transparent nous permet de prendre conscience des tendances qui se dessinent. Grâce au Personal Kanban, vous commencez intuitivement à rechercher les façons d'améliorer le flux de votre travail. C'est votre flair, votre sixième sens et votre instinct. Il devient votre première ligne de défense.

Pourquoi suggérerons-nous maintenant que l'intuition peut être une métrique acceptable juste après avoir démontré à quel point les mesures subjectives étaient peu fiables ? La réponse, c'est la précision. Votre flair ne peut

---
7 Pour des diagrammes de flux cumulatifs et autres mesures, voir http://personalkanban.com

pas remplacer votre podomètre pour mesurer avec précision le nombre de pas que vous avez effectués. Il peut malgré tout vous dire si vous êtes allé loin ou pas. Votre intuition peut de même vous révéler quand quelque chose a besoin d'être amélioré. Nous basons nos hypothèses sur de telles impressions. Notre flair perçoit qu'une tendance se dessine, notre cerveau formule une hypothèse que notre kanban personnel valide ou rejette. À partir de là, nous pouvons procéder à des améliorations.

Nous n'agissons pas sur quelque chose sans le remarquer. Il est possible d'identifier une amélioration potentielle avant même qu'elle ne soit révélée par les données statistiques, les courbes ou les graphiques. Il ne faut pas sous-estimer l'intuition. Une partie du *Kaizen* consiste à amener un changement positif sans trop y penser. Comme par réflexe. Grâce à son flair.

Métrique n° 2 : le laboratoire de processus

▶ *Si vous passez du temps à étudier, à réfléchir et à planifier chaque jour, vous vous donnez les moyens de changer votre destinée* (W. Clement Stone).

Dans le chapitre 2, nous avons introduit la colonne **AUJOURD'HUI**. Ajouter une colonne **AUJOURD'HUI** à la chaine de valeur **PRÊT → EN COURS → FINI** de votre kanban personnel de base est seulement une façon de bien mieux établir des priorités dans votre travail. Cela revient également à mettre en place un véritable instrument de mesure.

Notre rythme circadien règle nos fonctions physiologiques et nous force à intérioriser le concept de journée. Au réveil, c'est tout naturellement que nous réfléchissons à comment organiser notre journée. Nous identifions rapidement un groupe de tâches et nous pensons : « C'est ce que je veux accomplir aujourd'hui ». Cela devient alors notre objectif. Nous suivons le progrès que nous avons accompli dans ces tâches que *nous avons prévu* de mener à bien ce jour-là. C'est véritablement l'aune à laquelle nous mesurons la quantité de travail qui a été exécuté.

Introduire une colonne **AUJOURD'HUI** nous permet de nous apercevoir si nous avons atteint — ou avons presque atteint — nos objectifs quotidiens. Il est possible de faire de même, en introduisant des colonnes pour visualiser certaines hypothèses sur ce qui fonctionne bien ou au contraire ne marche pas.

Je suis récemment intervenu dans une entreprise qui avait un employé — appelons-le Albert pour préserver son anonymat — qui exerçait un tel contrôle sur l'approbation des demandes de financement, qu'il en était arrivé à faire figure de véritable « gardien du temple ». D'un caractère extrêmement pointilleux, Albert faisait preuve de tellement de zèle pour contrôler les coûts que cela en arrivait à entraîner un gaspillage énorme.

Il suffisait d'une simple erreur, telle que l'omission d'une dépense mineure à la page 97 d'un plan de projet de 100 pages, pour que notre personnage rejette l'ensemble du dossier. Il était hors de question pour lui de vous demander tout simplement quelle était la somme manquante, puis de l'ajouter au document et d'approuver le financement en question.

Procéder ainsi n'aurait pas même pris 5 minutes à Albert. Pourtant, il insistait pour que le document soit corrigé, soumis à nouveau, se retrouvant ainsi tout en bas de la pile. Quand il en arrivait enfin à le réexaminer, il commençait à la première page.

De tels retards font perdre du temps et sont coûteux. Ils ajoutent au travail en cours et finalement favorisent les erreurs. Travailler de cette façon n'est pas viable.

J'essayais de trouver une chaine de valeur avec ma cliente. Elle m'expliqua que son plus gros problème était en fait Albert. Chaque fois qu'elle avait besoin que quelque chose soit fait, la demande de financement se languissait sur son bureau. Et de se lamenter :

« – C'est vraiment dommage que l'on ne puisse pas tout simplement le mettre, LUI, sur le tableau de façon à ce que tout le monde constate combien IL coûte à l'entreprise en délais. »

« – Euh ! … Tiens ! C'est une excellente idée ».

Nous avons donc décidé d'introduire une colonne intitulée **REVUE DES DEMANDES DE FINANCEMENT** dans le kanban personnel de l'équipe. Désormais, quand des documents sont bloqués, la cause de leur inactivité est apparente à tout le monde, y compris à Albert.

Ce qui était auparavant une contrariété pour tout le monde est désormais une hypothèse qui peut être confirmée et à laquelle il est possible d'apporter une solution. Visualiser l'impact des actions d'Albert sur l'équipe a été très révélateur : « Les dossiers sont retardés pendant trois jours en moyenne par ce type qui est obsessif et qui a besoin de revenir à la réalité ».

Métrique n° 3 : La case du bien-être subjectif (BES)

▸ *Le vrai bonheur ne dépend ni d'autrui ni d'aucun objet extérieur. Il ne dépend que de nous* (Dalaï-Lama).

Pendant la rétrospective annuelle de Modus Cooperandi en 2009, un déclic s'est produit :

> *Faire des choses que nous n'aimons pas réduit notre efficacité.*

Une telle observation est valable pour les tâches pour lesquelles vous n'êtes pas particulièrement doués, les projets que vous ne trouvez pas épanouissants ou encore travailler avec des personnes que vous n'aimez pas. Remarquez bien que si ce n'est pas seulement là une question de ne pas vouloir faire des choses qui ne sont pas amusantes. il n'en reste pas moins que les tâches que vous n'aimez pas augmentent votre coût existentiel. Quand le moment vient de faire quelque chose que vous redoutez, vous devenez plus anxieux, plus irritable et moins alerte intellectuellement. Il y a bien un coût d'opportunité bien légitime à faire des choses que nous n'aimons pas.

Prenons l'exemple de Robert qui a une sainte horreur de faire sa déclaration de revenus. Il se trouve que c'est justement le moment de préparer son rapport trimestriel. Il sait par expérience que cela lui prend une heure pour soumettre ses formulaires en ligne. Il a calculé que son travail de consultant lui rapporte un salaire horaire de 75 dollars. Les honoraires d'un comptable pour faire sa déclaration seraient eux de 150 dollars de l'heure. Il lui semble plus rentable de souffrir et de le faire lui-même. Robert n'a toutefois pas pris en considération qu'il passe également une heure à se lamenter sur le processus, avant même de s'asseoir devant son ordinateur. Une autre heure lui est également nécessaire pour récupérer. C'est là sans compter qu'il est ensuite préoccupé pendant toute une semaine par la crainte de ne pas avoir bien rempli son rapport d'impôt. Cela affecte son sommeil et il se fait quelques cheveux gris supplémentaires à la pensée d'une inspection fiscale. En fin de compte, tout ce temps et tout ce stress lui coûtent beaucoup plus que les honoraires de son comptable.

La prochaine fois, Robert devrait sérieusement considérer avoir recours aux services d'un professionnel.

Ceci nous amène à une métrique très simple : *la case du bien-être subjectif*. « Le bien-être subjectif » est un concept de psychologie et une mesure qualitative qui évalue l'état mental courant d'un individu tout bonnement en l'interrogeant. Un bon exemple du bien-être subjectif, c'est tout simplement quand on vous demande comment vous vous sentez et que vous répondez : « Super bien ! »

La case *du bien-être subjectif* nous aide à identifier exactement ce qui affecte notre humeur afin que nous puissions commencer à optimiser pour parvenir à « assez bien » « bien » ou même « super ». Elle nous laisse aussi mettre en perspective ces tâches pénibles que nous n'aimons tout simplement pas faire. Avec la case du bien-être subjectif, nous pouvons finalement établir que ces désagréments sont simplement des tâches à accomplir et pas un mode de vie. Nous les ferons, en sachant que quelque chose de bien mieux suivra.

Cela fonctionne d'une façon très simple. Dessinez tout d'abord une case sur votre kanban personnel ou à côté de celui-ci, mais vous pourriez même utiliser une vraie boîte. Quand vous accomplissez une tâche et que vous sentez que cela vous a sensiblement affecté — en vous faisant sentir le cœur léger ou en vous mettant franchement en colère —, notez ce sentiment, positif ou négatif, et les raisons pour lesquelles vous l'avez ressenti. Déplacez alors cette tâche vers la *case du bien-être subjectif*.

Avec chaque tâche que vous déposez dans la case *du bien-être subjectif demandez-vous* : « Pourquoi est-ce que j'ai aimé ou pas cette tâche ? » « Est-ce que les gens ou les ressources impliqués ont eu un impact positif ou négatif sur mon humeur ? » « Est-ce que c'est une tâche que je devrais déléguer à l'avenir ? »

Quand le moment vient de tenir une rétrospective, examinez de nouveau le contenu de la case *du bien-être subjectif*, en regroupant les tâches ayant des commentaires similaires. Ne vous débarrassez pas du contenu de votre boîte jusqu'à ce que vous commenciez à distinguer des tendances. Lorsque c'est le cas, vous pouvez vous poser les questions suivantes :

- quand refuser du travail ?

- quand déléguer du travail ?

- quels changements peuvent aider à assurer le succès ?

- quels processus valent la peine d'être reproduits ?

- quelles options avez-vous réellement dans la gestion de votre carrière ?

- comment trouver un équilibre entre famille, carrière, loisirs et développement personnel ?

Il faudra peut-être plusieurs rétrospectives pour que des tendances claires commencent vraiment à se dessiner. Soyez patient. Elles pourraient bien vous éclairer sur la façon dont vous travaillez et vous révéler les choses qui vous rendent vraiment heureux : ne les négligez donc pas. Ne soyez pas surpris de découvrir que les tâches que vous aimez sont les tâches pour lesquelles vous êtes doués. Quand vous découvrez vos points forts, vous pouvez les cultiver. Plus vous faites ce que vous faites bien, plus vous aimez votre travail et meilleur vous devenez dans le travail que vous aimez.

▶ Métrique n° 4 : le temps

Un homme qui attrape un chat par la queue apprend quelque chose qu'il ne pourrait pas apprendre autrement **(Mark Twain).**

Voici la façon de procéder si vous désirez vraiment adopter une approche statistique pour le Personal Kanban. Lorsque vous créez un feuillet adhésif, écrivez la date de création (créé le), puis la date à laquelle vous l'avez tiré dans la colonne **PRÊT** (débuté le), quand vous avez commencé à travailler dessus (WIP) et finalement, quand vous avez terminé, la date à laquelle vous l'avez tiré dans la colonne **FINI** (fini le).

Ces quatre données peuvent être utilisées pour analyser le « temps de préparation » ou le « temps de cycle ». Pour le Personal Kanban, le temps de préparation est la quantité de temps que prend une tâche de bout en bout. Le temps de cycle est la quantité de temps que prend une tâche pour aller de la colonne **PRÊT** à la colonne **FINI**.

Si les deux métriques sont valables — « combien de temps les tâches d'aménagement de la maison prennent-elles ? » ou « à quelle fréquence travaillez-vous avec Pierrot le fou ? » — comprendre combien de travail vous êtes capable de faire (votre débit) vous aide à mesurer votre efficience. Le temps de cycle est donc probablement la métrique avec laquelle il vaut mieux commencer. Il vous montre combien de temps est nécessaire pour accomplir une tâche, vous aidant ainsi à mieux évaluer la précision de vos estimations et les présuppositions sur lesquelles elles s'appuient.

En nous donnant une idée plus réaliste de notre débit, le temps de cycle peut aussi nous aider à affiner notre limite de WIP. Gardez-vous bien de perdre de vue qu'un degré important de variation est dans la nature même du travail personnel ; analysez et utilisez donc de telles données judicieusement. Si vous mesurez un temps de cycle pour toutes vos tâches, vous finirez vraisemblablement par avoir des statistiques dénuées de sens, car elles incorporeront des temps pour des tâches aussi disparates que « réserver une table pour dîner au restaurant » ou « déménager au Chili ».

Allez et mesurez !

Avec toutes ces métriques, vous pouvez passer en revue des tâches spécifiques et commencer à les évaluer. Il y a toujours une façon d'expliquer pourquoi certaines tâches ne répondent pas à nos attentes ou nous accablent. Que cela s'explique par la procrastination ou des facteurs sur lesquels nous n'avons aucun contrôle, il y a toujours une raison et, fort heureusement, très souvent une solution.

LES ASTUCES DU PERSONAL KANBAN

1. L'expertise n'est en aucune façon un substitut à l'observation et aux mesures.
2. La clarté favorise la définition des priorités, l'exécution et l'efficacité.
3. Il n'est pas nécessaire d'avoir des métriques compliquées.
4. Les contrôles visuels éliminent le besoin de deviner.
5. La flexibilité en temps réel est bien supérieure à la planification préalable rigide.

CHAPITRE 7
CHERCHER À S'AMÉLIORER SANS CESSE

Nous élevons des dragons pour que nos héros puissent les terrasser.

Nous adorons les héros. Nous plaçons notre foi en eux. Nous investissons notre temps et notre argent sur leur aptitude à prévaloir dans des circonstances exceptionnelles. Nous exagérons leur rôle et créons des mythes sur leur talent, au risque de sous-estimer le nôtre. Les managers paresseux ont une triste réputation à cet égard. Plutôt que d'œuvrer au développement de leur personnel existant en lui permettant de s'épanouir, ils veulent à tout prix faire appel aux services d'hommes providentiels. Le culte du héros est particulièrement florissant dans les départements de ressources humaines. Pour s'en faire une bonne idée, il suffit de jeter un rapide coup d'œil à un site de recrutement. Il est plein d'annonces débordantes de superlatifs, recherchant des « gourous » des médias sociaux, des « ninjas » de l'informatique et autres « étoiles » du marketing.

Le cas de l'élite des programmeurs en informatique est révélateur. Celle-ci est caractérisée par la qualité (supposée) du code qu'elle écrit, la vitesse (supposée) à laquelle elle travaille et son habileté (supposée) à produire exactement ce que leurs patrons demandent. De tels programmeurs hors pair représentent le Saint Graal du développement de logiciels. L'appartenance à cette élite, aux pouvoirs presque magiques, n'est pourtant qu'une simple distinction commode et bien peu scientifique. Il n'y a en effet aucune certification ou aucun test pour être admis en son sein. Certaines personnes peuvent cependant légitimement revendiquer leur appartenance à ce club très fermé, en raison de leur niveau supérieur de performance avéré dans des situations stressantes.

Qui sont donc ces « surhommes » et leurs exploits sont-ils vraiment héroïques ?

Chez Gray Hill Solutions, nous avons nous-mêmes recherché de tels héros pour nous aider à surmonter les situations de crise. Il nous a fallu plusieurs années de travail avec de telles vedettes, autant qu'avec leurs camarades plus modestes, pour en arriver à une intéressante conclusion : les programmateurs d'élite avaient du succès non pas parce qu'ils avaient des compétences supérieures en programmation, mais parce que dès le départ ils prenaient le temps d'apprendre pourquoi ils développaient le logiciel. Ils recherchaient d'entrée à clarifier en rassemblant les informations cruciales dont ils tenaient ensuite compte. Si celles-ci n'étaient pas facilement disponibles, ils faisaient appel à leur capacité de raisonnement déductif et développaient une stratégie adaptée afin de les obtenir. Forts d'une telle clarté, ils pouvaient désormais innover et être beaucoup plus performants que leurs pairs.

Nous avons compris que le véritable secret était une certaine aptitude à clarifier ce qui avait besoin de l'être. Aussi avons-nous introduit un contrôle visuel — un kanban — pour permettre à toute l'équipe d'y voir avec clarté. Nous avons rapidement constaté que les bons concepteurs de logiciels s'amélioraient et en arriveraient à égaler ou même à surpasser leurs collègues qui faisaient déjà partie de l'élite. La conclusion logique était que la maîtrise manifestée par l'élite n'était pas inhérente aux prouesses techniques, mais bel et bien à la clarté de l'objectif[1].

CLARIFIER PERMET DE TOUT CONQUÉRIR

Le coût existentiel :

- Le coût existentiel est un obstacle à l'efficacité.

- Clarifier dissipe le coût existentiel.

Les urgences fabriquées :

- L'habitude de répondre à des urgences engendre d'autres urgences.

---

1 Les héros restent nécessaires, pour autant que votre système n'en crée pas un besoin artificiel. Leur « talent », cette tendance à faire œuvre de clarification, est ainsi le plus utile dans les domaines où l'information est minimale, comme la recherche et le développement, ou trouver des occasions favorables pour le Kaizen.

- Clarifier conduit au *Kaizen* qui casse le cercle vicieux des urgences.

Le déficit de connaissances :

- Il n'est pas possible d'agir sur la base d'informations qui font défaut.

- Le fait de clarifier crée un cercle vertueux en permettant de disposer des informations nécessaires pour agir. Celles-ci sont à leur tour source d'une plus grande clarté.

Le culte du héros :

- La dépendance à l'égard des héros sape les opérations quotidiennes.

- Clarifier augmente le niveau de performance des travailleurs « normaux ».

Faire l'effort de clarifier permet d'utiliser son temps de façon efficace, d'agir avec une belle assurance et de faire un meilleur travail. Il est ainsi possible à chacun d'exceller, sans distinction de statut (commun des mortels ou héros), et de contribuer positivement, quand bien même un projet n'est pas un succès.

La fameuse hiérarchie des besoins du psychologue Abraham Maslow, si souvent citée, mais rarement bien comprise, représente les niveaux interdépendants des besoins physiques, sociaux et psychologiques. La clarté n'est pas un luxe ésotérique : elle est bien essentielle pour chacun d'entre nous. Nous ne pouvons donc que nous demander pourquoi nous ne trouvons nulle part que la clarté fasse partie des besoins instinctifs pour qu'une personne soit pleinement fonctionnelle.

Maslow aurait-il oublié quelque chose ? Absolument pas.

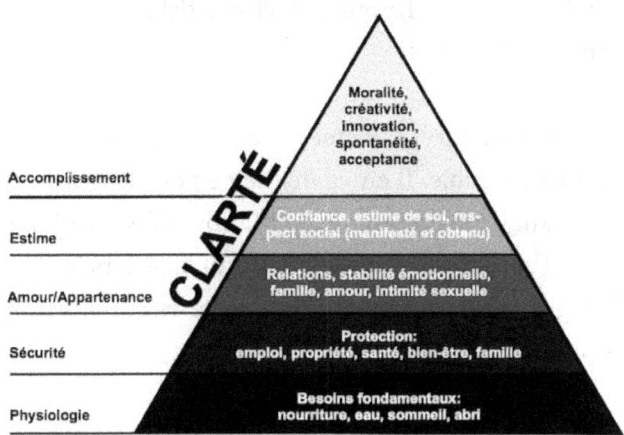

La clarté est une propriété transcendante et une composante intégrale de l'ensemble, du besoin de s'abriter à l'accomplissement de soi. En l'absence de clarté, il serait bien difficile de réaliser pleinement un quelconque élément de la hiérarchie de Maslow.

Parlons du besoin de s'abriter, un des besoins humains les plus fondamentaux que beaucoup d'entre nous considèrent comme acquis. Trouver un endroit où loger ne suffit pas nécessairement à satisfaire un tel besoin. Imaginons que votre maison ait été détruite par une inondation soudaine et que votre assurance ne couvre pas ce type de sinistre. Hier encore, vous aviez une belle maison bien solide. Tout ce qui vous reste aujourd'hui est une ruine et un emprunt à rembourser. Il se peut qu'un voisin bienveillant vous ouvre sa porte. Pour le moment, théoriquement, vous avez un abri. Cette habitation n'est pourtant pas vraiment à vous et vous vous posez beaucoup de questions. « Combien de temps serais-je bienvenu ici ? » « Suis-je vraiment à l'abri ? » « Quelles règles dois-je suivre ? » « Où vais-je aller si je me retrouve à la rue ? » Votre besoin peut-il vraiment être satisfait lorsqu'il y a autant d'ambiguïté ?

Un besoin n'est véritablement satisfait que lorsqu'il est clairement comblé. Il en va de même pour le niveau correspondant de la hiérarchie de Maslow. C'est ainsi que le besoin d'abri n'est vraiment satisfait que lorsqu'il s'accompagne d'un sentiment de sécurité et d'une garantie de stabilité.

Nous sommes nombreux à appréhender notre croissance personnelle, car nous nous sentons pressés d'effectuer des changements dans certains domaines avant de satisfaire des besoins plus fondamentaux. Lorsqu'un besoin est assuré, nous sommes mieux à même de nous occuper de nos autres besoins. Nous commençons à surmonter nos craintes vis-à-vis de la croissance et du changement grâce au sentiment de sécurité que nous inspire le besoin que nous avons déjà comblé.

Cela ne veut pas dire que nous devons satisfaire ces besoins dans un certain ordre — la hiérarchie de Maslow n'est pas une liste de tâches linéaires. Même si votre besoin d'abri n'est pas satisfait, vous pouvez toutefois garder confiance. Cela veut dire que si vous prenez courage en satisfaisant certains besoins, plus il est facile d'en satisfaire de nouveau sur la voie de l'accomplissement de soi.

> *L'anxiété névrotique est symptomatique du fait qu'une crise précédente n'a pas été résolue. Éliminer le symptôme sans aider la personne à découvrir quel est son conflit sous-jacent, c'est la priver de son meilleur point de repère et de sa meilleure motivation pour comprendre et se développer* **(Rollo May[2]).**

Selon May et Maslow, nous progressons vers l'actualisation quand nous adoptons un état d'esprit minimisant l'anxiété et embrassant la croissance personnelle[3]. Pour beaucoup d'entre nous, accepter d'être accueillis par un voisin n'est pas viable. L'anxiété de perdre notre abri — par exemple, « suivre les règles d'autrui » — est rationnelle et cohérente. Elle peut toutefois se révéler écrasante.

Une telle anxiété a tôt fait de se transformer en obsession. Nous agissons en fonction de la crainte de perdre notre hébergement plutôt que de travailler à trouver une habitation plus permanente. L'anxiété nous conduit à nous accrocher à la manifestation temporaire, plutôt que de trouver une façon de satisfaire à notre besoin de façon plus durable.

En l'absence de clarté, le risque est grand d'être obnubilé par ses anxiétés. Le Personal Kanban visualise et démystifie celles-ci, les transformant en problèmes à résoudre et en tâches à exécuter.

Comprendre convenablement le contexte de notre travail et ses implications permet de faire la clarté. Aussi est-il

---

2 Rollo May, *Psychology and the Human Dilemma*, New York, Norton, 1967, p. 82.
3 Abraham H. Maslow, *Towards a Psychology of Being*, New York, Van Nostrand Rheinhold, 1968.

possible de passer de la sensation d'écrasement existentiel à la prise de conscience nécessaire au *Kaizen*. Visualiser son travail permet de concentrer son attention. Dans un tel contexte, « se concentrer » ne veut pas dire fermer la porte de notre bureau, sélectionner une tâche à traiter et décrocher du monde alentour jusqu'à ce que cette tâche soit exécutée. Ce genre d'exil volontaire, en présence d'une charge de travail qui vous stresse, procède d'une réaction de productivité (peur) et non pas d'une démarche de *Kaizen* (croissance).

Une démarche *Kaizen* consiste à analyser une situation donnée, à évaluer le degré de clarté et à rechercher le chemin le plus court vers l'exécution, l'innovation ou encore une clarification additionnelle. Certains jours, il peut être nécessaire de se cacher dans son bureau et de s'attaquer sans répit à une série de tâches jusqu'à ce qu'elles soient exécutées. D'autres jours, il peut s'avérer préférable de ralentir, de faire des recherches ou de trouver quelqu'un avec qui partager sa charge de travail. Un effort de clarification est indispensable pour notre croissance personnelle et pour des résultats de qualité.

▶ ***Je peux voir clairement maintenant, la pluie a cessé de tomber. Je peux voir tous les obstacles devant moi* (Johnny Nash).**

En nous révélant quelles personnes, quelles activités et quelles responsabilités sont vraiment au centre de notre vie de tous les jours, le Personal Kanban nous permet de définir clairement nos objectifs. Nous voyons ainsi à la fois nos engagements envers telle ou telle personne, et les facteurs émotionnels ou contextuels au gré de leurs changements. Aussi pouvons-nous anticiper la façon dont nos plans et nos priorités devront s'adapter en conséquence. Une telle clarté nous permet d'être plus concentrés, de mieux planifier et de trouver notre propre rythme. Cela nous aide ainsi à parvenir à un équilibre entre la force qui pousse et celle qui tire.

▶ *Le génie est personnel, décidé par le destin, mais il s'exprime par l'intermédiaire du système. Il n'y a pas d'art sans système* (Le Corbusier).

Le Personal Kanban vous rend plus confiant parce qu'il favorise un travail de qualité. Relevant du niveau de l'accomplissement de soi de la hiérarchie de Maslow, il fournit un outil (un « système », comme l'explique Le Corbusier) qui identifie les tendances et résout spontanément les problèmes. Visualiser notre travail et limiter son flux révèle toute la richesse des options qui s'offrent à nous. Nos décisions et nos actions sont ainsi plus à même de refléter nos valeurs éthiques, nos sentiments esthétiques et nos rêves, éléments indispensables d'une vie équilibrée.

CORRIGER LE CAP : LA RÉVISION DES PRIORITÉS DANS SA RÉALITÉ

Imaginez une capsule de métal volant à grande vitesse dans l'espace en direction de Pluton. Considérez maintenant que Pluton est un corps astral quelque peu excentrique. Un jour, c'est bel et bien une planète, le lendemain plus vraiment. Sa rotation autour du Soleil n'est pas circulaire, mais a une forme elliptique allongée. Se trouvant certains jours à 2,65 milliards de kilomètres de la Terre, elle peut parfois s'éloigner jusqu'à 4,68 milliards de kilomètres de celle-ci, soit une variation de 2 milliards de kilomètres[4].

Il est évident que Pluton est une cible difficile à atteindre.

Home Profile Find People Settings He

Tracking says we need a small course correction burn next year. Just 0.5 meters/sec (1 mile/hr) but without, we'd miss Pluto by ~80,000 km.

5:20 AM Aug 8th from web

 NewHorizons2015

La NASA, qui n'a jamais reculé devant un défi, avait lancé la sonde spatiale *New Horizons* en 2006. Ce vaisseau spatial sans équipage étaient programmé pour arriver dans l'orbite de Pluton le 14 juillet 2015. Les membres de la mission *New Horizons* devaient être plutôt patients pour voir les résultats de leur travail, puisqu'une dizaine d'années s'écoula entre le lancement et le moment où le contact fut établi.

Pendant son voyage, *New Horizons* se déplaçait à une vitesse presque record. Alors que Pluton était encore bien loin, une correction de cap de 1 800 mètres par heure (1/36 000) s'avéra nécessaire pour s'assurer que la sonde arrive à destination. Une telle correction semble si modeste qu'il serait presque impossible de la reproduire

---

4 La Terre étant seulement à 150 millions de kilomètres du soleil, la variation dans la distance entre la Terre et Pluton est donc environ 13 fois la distance entre le soleil et vous.

avec votre voiture. Elle n'est pourtant en aucune façon négligeable. Des mises au point mineures peuvent avoir des effets considérables.

Le vaisseau spatial est propulsé par un type de carburant de fusée bien particulier et a demandé énormément de temps et d'argent. Imaginez que vous ayez été un membre de l'équipe de lancement. Comment vous seriez vous sentis si vous aviez raté votre cible par 80 000 kilomètres, soit l'équivalent de la moitié de la distance de la Terre au Soleil ? Cela aurait été « *une bien mauvaise journée au bureau !* »

Le coût de ce changement est relativement faible, en considérant l'ampleur de la mission : il ne représente en effet qu'une correction de cap de 1/36 000 de la trajectoire du vaisseau. Le coût d'un échec serait excessivement élevé : 650 millions de dollars. Procéder à des corrections de cap lorsqu'elles sont encore modestes garantit ainsi le succès avec un minimum de risques de perturbations.

Nous présumons souvent que les plans une fois rédigés sont gravés dans la pierre. Aussi nous sentons-nous obligés de les suivre à la lettre, coûte que coûte.

Les projets, même les mieux conçus et les mieux financés, sont bien rarement précis. Les déviations par rapport au plan original sont inévitables et de petits ajustements fréquents sont nécessaires. Nous corrigeons instinctivement le cap en permanence sans même le réaliser. Prenons l'exemple de la conduite automobile. Si je vous demandais de conduire tout droit sur la route pendant deux heures, en touchant seulement le volant chaque demi-heure, est-ce que vous envisageriez de le faire ?

« Pas sans un airbag ! »

Nous sentons toujours que nous contrôlons notre véhicule, même si nous faisons des corrections de direction à chaque instant. C'est cette aptitude à la souplesse et à l'ajustement aux changements de contexte qui nous permet de réussir.

Les corrections de cap ne sont pas des échecs dans la gestion d'un projet. Tout au contraire. Les plans rigides, avec des définitions fixes du succès, limitent nos options et sont une invitation à l'échec. Qu'il s'agisse de planifier l'éducation de sa fille pour Carl ou une mission interplanétaire, faire des ajustements est non seulement naturel, mais de plus tout à fait indispensable.

Trop de structure nous donne un faux sentiment de sécurité. Nous nous sentons à l'abri avec des plans bien préparés. Une fois définie la trajectoire vers un objectif, nous en arrivons à penser que l'avenir est assuré. L'idée d'une rigoureuse planification préalable est profondément ancrée dans notre psyché. À défaut de cela, nous sentons que tout est moins certain, moins scientifique ; c'est comme si nous opérions sans filet. Pourtant, pour atteindre nos objectifs, il est bien plus important pour nous de se montrer attentifs et d'ajuster nos actions lorsque c'est pertinent plutôt que de suivre aveuglément un plan prédéfini.

Le Personal Kanban est basé sur l'observation, l'expérimentation et les ajustements. Il est de ce fait beaucoup plus fiable et scientifique que les conjectures de la planification préalable. Puisque nous nous donnons désormais la permission de nous adapter à notre environnement, le moment est venu de prendre en compte tout à la fois nos émotions et nos intentions.

LES BASES DE L'INTROSPECTION

▶ *Quelle est donc la valeur d'une expérience si vous n'y réfléchissez pas par la suite* **(Frédéric II de Prusse) ?**

Il est midi et vous êtes affamé. Vous voyez une pizzeria, un fast-food et un camion à tacos. Comme le docteur vous a dit de faire attention à votre ligne, vous savez qu'il vaudrait mieux aller chercher une salade à emporter à l'épicerie bio *Uncle Phil*. Vous avez de la chance : vous y rendre vous prendra tout juste 20 minutes et votre réunion suivante n'est que dans une heure. En prenant la voiture, vous auriez, sauf embouteillage ou attente interminable à la caisse, une vingtaine de minutes pour acheter votre salade et manger sur le pouce. Il vous restera 20 minutes pour revenir au travail. Pour ne pas prendre de risques, vous pourriez aussi changer l'heure de votre réunion ou encore juste prendre un fast-food et moins manger le soir pour compenser pour toutes ces calories.

De telles décisions sont-elles aussi monumentales que la réorientation d'un vaisseau spatial qui coûte des centaines de millions de dollars ? Peut-être bien que oui. Peut-être bien que non. Chaque choix implique une décision entre une option ou une ligne de conduite et son alternative. Elle a toutefois également des répercussions sur d'autres choix. Opter pour *Uncle Phil* peut vous contraindre à repousser d'une demi-heure la réunion prévue dans l'après-midi, mais aussi à retarder le rendez-vous suivant. Consciemment ou non, nous sommes engagés dans la révision des priorités — le processus cognitif des stratégies optionnelles — tout au long de la journée.

Choisissons-nous nos options de façon pragmatique en fonction d'une vision des choses à long terme ? Les choisissons-nous au contraire à court terme de façon émotionnelle ? S'agit-il encore d'une combinaison des deux ? La décision de suivre un régime équilibré procède-t-elle d'une démarche pragmatique ou bien émotionnelle ? Qu'en est-il donc de la décision de s'en tenir à l'heure prévue d'une réunion afin de s'assurer de pouvoir livrer le produit à temps ?

Lorsque nous prenons des décisions, il est souvent impossible de distinguer entre celles qui sont pragmatiques et celles qui sont émotionnelles. Il nous faut pouvoir réfléchir à nos décisions après coup. En effet, si nous en connaissons le résultat, comprenons-nous vraiment pour autant leurs motivations ? Examiner et évaluer les processus cognitifs qui nous animaient pour vraiment comprendre ce qui motive nos décisions est bien plus facile à dire qu'à faire.

C'est là que l'introspection entre en jeu. Lorsque nous faisons de l'introspection, nous observons la façon dont nous pensons afin de comprendre le raisonnement qui explique nos décisions. Nous examinons les évènements passés au filtre de nos propres émotions, motivations et préjugés. « Pourquoi avons-nous décidé A plutôt que B ? » « Quels intérêts servons-nous réellement ? » « Avons-nous fait le meilleur choix ? » « Ce choix nous a-t-il rendus heureux ? » C'est ainsi que nous rassemblons l'information nécessaire pour prendre à l'avenir de bonnes décisions.

Une décision véritablement pragmatique parvient à un équilibre entre les faits, les forces extérieures, les désirs et toute une série d'autres facteurs liés à la situation. Cet équilibre ne peut être réalisé que grâce à l'introspection, qui nous permet de réussir à comprendre si nos priorités parviennent véritablement à équilibrer nos besoins et nos émotions.

LES RÉTROSPECTIVES

▶ *Si vous voulez connaître votre passé, examinez vos circonstances. Si vous voulez connaître le futur, examinez vos actions présentes* **(Proverbe bouddhiste).**

▶ *Sachez méditer sur le passé pour apprendre où vous êtes allé, pour prédire et pour préparer le futur afin de savoir où vous allez. Sachez interpréter le présent pour savoir quand vous êtes allé trop loin* **(Proverbe irlandais).**

Mais

▶ *La performance passée n'est pas une garantie de résultats futurs* **(Dicton de Wall Street).**

Le futur est basé sur les leçons du passé ; c'est tout au moins ce que nous affirment d'innombrables citations inspirantes. Il n'en reste pas moins que ceux qui ont le plus d'intérêt à prévoir l'avenir — les négociateurs en bourse de Wall Street — ont appris à leurs dépens que répéter ce qui a fonctionné dans le passé n'est pas une garantie de succès.

Une fois de plus, nous sommes en présence d'un phénomène de variation.

L'expérience que nous tirons des succès ou des échecs passés nous éclaire sur ce que nous voulons désormais reproduire ou bien éviter. Nous voulons nous concentrer sur *le contexte* qui a mené au succès ou à l'échec — pas nécessairement sur le succès ou l'échec en soi. Revenir sur le contexte de notre travail en conduisant des rétrospectives ajoute une dimension supplémentaire au Personal Kanban[5].

Les rétrospectives sont des moments ritualisés de réflexion collective conduits à intervalles réguliers. Elles sont de pratique courante dans les communautés agiles et *Lean*. Les rétrospectives permettent à une équipe de marquer une pause afin de réfléchir à ce qui a bien fonctionné dans leur projet, à ce qui n'a pas marché comme prévu et à ce qui pourrait être amélioré à l'avenir.

Des rétrospectives régulières permettent d'identifier et d'exploiter les possibilités de changement positif. Elles

---

5 C'est aussi pourquoi le Personal Kanban a seulement deux règles. Les systèmes rigides invitent à l'échec. Les systèmes flexibles invitent au sur-mesure. Efforcez-vos toujours d'avoir aussi peu de règles et aussi peu de contrôles que possible.

constituent un outil essentiel de réflexion tant en famille qu'au sein d'équipes de travail.

Les rétrospectives peuvent se dérouler à l'intervalle qui vous convient, en gardant toutefois à l'esprit que plus elles sont fréquentes, plus il vous sera facile de vous rappeler des faits. Elles peuvent durer aussi longtemps que vous le souhaitez. De tels exercices offrent tant aux personnes qu'aux équipes l'occasion de reconnaître ce qu'elles ont accompli (célébration) ou de déplorer leurs échecs (catharsis), mais aussi de réorienter un projet et de changer la façon de procéder à l'avenir (événement *Kaizen*). Que le projet se soit bien passé ou non, les rétrospectives démontrent qu'il y a toujours place pour le *Kaizen* : chercher à améliorer son efficacité personnelle permet de continuer à innover, en permanence. Conduire des rétrospectives à intervalles réguliers permet des séries de corrections, tout aussi économiques que fructueuses.

Il peut être utile d'avoir une colonne **RÉTROSPECTIVE** comme dernière colonne de votre kanban personnel. À mesure que vous enlevez les tâches de la colonne **FINI**, faites les glisser vers la colonne **RÉTROSPECTIVE**. Au début ou à la fin de chaque semaine, tenez une rétrospective et examinez rapidement les tâches achevées. Reconnaissez ce qui s'est bien passé et ce qui pourrait être amélioré la prochaine fois. Célébrez les victoires. Apprenez des échecs.

Vous n'avez pas besoin d'attendre pour tenir une rétrospective. C'est particulièrement le cas lorsqu'une tâche ou un projet a déraillé. Rassemblez les personnes concernées pour examiner ensemble le problème : c'est là une occasion d'apprendre. Les rétrospectives d'urgence permettent à ceux qui sont concernés de réfléchir ensemble à un problème et de trouver immédiatement une solution.

Il y a bien longtemps, j'ai fait appel à une entreprise pour installer deux fenêtres dans ma salle de bain. J'ai expliqué que la baignoire avait besoin de plus de lumière et de ventilation. Quand l'installation a été terminée, j'ai été choqué de découvrir que les fenêtres n'ouvraient pas. J'avais présumé qu'en expliquant que je voulais les fenêtres pour la ventilation, il allait de soi qu'elles devaient réellement s'ouvrir.

Le marché de la construction était alors en plein essor. J'ai fait bien attention à ne pas contrarier l'entrepreneur pour ne pas risquer de me retrouver avec des trous dans les murs pendant des mois, avant de trouver quelqu'un d'autre pour terminer le travail. J'avais besoin de faire preuve de tact. J'ai donc tenu une rapide rétrospective avec lui. Je n'ai fait aucun reproche. Tout au contraire, je me suis efforcé d'obtenir qu'il remplace les fenêtres par d'autres qui s'ouvrent. Nous nous sommes mis d'accord : à l'avenir, je fournirai des informations plus spécifiques sur les travaux à accomplir. Le « malentendu » sur les fenêtres nécessitait une rétrospective immédiate parce que c'était un problème identifiable du type « arrêtez la chaine »[6]. Que vous travailliez seul, en famille ou en équipe, ne lais-

---

6 Un concept fondamental du Lean manufacturing est que tout membre d'une équipe a le pouvoir d'arrêter la chaine de montage s'il s'aperçoit qu'un problème majeur nécessite une attention immédiate ou l'assistance d'autres membres de l'équipe de travail. Le principe ici est de résoudre un problème quand il se produit — même si cela interrompt le flux du travail — ce qui fait économiser du temps et de l'argent à plus long terme.

sez pas passer les chances de vous attaquer aux problèmes avant qu'ils ne dégénèrent.

Tout comme la conception de votre kanban personnel, une rétrospective peut prendre de multiples formes, pour autant qu'elle soit adaptée à votre contexte du moment. Quand vous finissez un projet, procédez de la même façon que se soit le week-end dans votre garage ou au terme d'une mission humanitaire de deux semaines après un désastre causé par un ouragan. Prenez donc quelques moments pour vérifier vos processus et vous assurer que tous les problèmes qui peuvent se présenter ont été corrigés. Cela vous aidera à améliorer ce que vous faites actuellement ou la façon dont vous le ferez à l'avenir.

Attention ! Vous n'avez pas besoin de faire route vers Pluton pour tirer parti de corrections de cap mineures. Vous voulez piloter votre travail en faisant aussi attention que lorsque vous conduisez votre voiture : les ajustements constants et les rétrospectives vont devenir un aspect essentiel de votre travail. Lorsque vous maîtriserez l'art de la rétrospective, vous serez sur la voie du *Kaizen*.

RÉSOUDRE LES PROBLÈMES EN ALLANT À LEUR SOURCE

▶ *La cause principale de tout problème est la clé d'une solution durable* **(Taiichi Ohno).**

Malgré tous nos efforts, la vie ne se déroule pas toujours comme nous avions prévu. Quand quelque chose ne fonctionne pas, nous avons le réflexe de chercher à identifier quelqu'un ou quelque chose qui en est responsable. Nous voulons que le problème disparaisse et, dans notre volonté de trouver une solution, nous ne faisons qu'effleurer la surface de celui-ci avant de chercher quelqu'un à blâmer. Cela nous fait nous sentir mieux, nous considérons que le problème est réglé et nous passons à autre chose.

C'est là une bien médiocre façon de résoudre les problèmes. Une telle approche est superficielle et à court terme. Elle nous fait perdre une occasion de nous améliorer et de tirer profit d'un évènement *Kaizen*. Il est possible, en visualisant notre travail et en comprenant son flux, d'apporter une solution aux problèmes en remontant à leur source même.

Voici quelques techniques de résolution des problèmes. Elles permettent d'aller au cœur de ceux-ci, en remettant en question les idées reçues, en se débarrassant des suppositions stériles et en révélant les causes profondes.

La reconnaissance des tendances émergentes

▷ *Le cerveau humain trouve incroyablement difficile, si ce n'est impossible, de simuler l'aléatoire* **(Alex Bellosh).**

Nos cerveaux ont une grande aptitude pour reconnaître les tendances émergentes, depuis l'époque reculée où nous repoussions les attaques des tigres à dents de sabre. Lorsqu'il s'agit d'établir des connexions entre des objets et des comportements, l'être humain a une aptitude innée à rechercher les formes, à les retenir et à établir des liens entre elles. Déduire et s'adapter à des différences fondamentales dans la nature — tels que distinguer les animaux potentiellement dangereux, les plantes toxiques ou encore les différentes saisons — était la clé de la survie pour l'homme préhistorique et de son évolution en tant qu'espèce.

Faire la synthèse des différentes tendances — relier des points, point par point, pour ainsi dire — nous permet d'avancer une interprétation et de formuler des hypothèses sur notre environnement. Dès l'âge de trois mois, nous commençons à percevoir les formes et à agir en fonction de celles-ci. Nous débutons par ce qui est tout simple, comme de reconnaître le timbre de la voix de notre mère, puis la texture de notre ourson préféré. Avec le temps viennent les déductions basées sur des formes plus complexes, comme de deviner la réaction de notre supérieur quand nous soummettons notre note de frais mensuelle en retard trois frois de suite.

Le Personal Kanban exploite un tel attribut qui est des plus essentiels. Visualiser des tâches et interagir avec elles, de façon tant physique que cognitive, nous permet de détecter les tendances qui émergent dans notre travail. Nous identifions les tâches qui ont le débit le plus rapide, celles qui restent bloquées et celles qui en général se font presque toutes seules.

Avec le temps, nous devenons sensibles tant aux tendances préexistantes qu'à celles qui émergent. Nous apprenons que les petits changements sont plus faciles. Dans la mesure où ils n'inspirent pas une réaction d'inquiétude, ils sont bien plus susceptibles de réussir que les changements de plus grande ampleur. Plus vous cherchez à vous améliorer, plus vos chances d'y parvenir sont élevées. En prendre pleinement conscience est très important.

Les possibilités de s'améliorer se manifestent en général quand un changement de tendance intervient ou encore lorsque quelque chose devient problématique. La contre-performance n'est souvent que le symptôme d'un problème plus profond. S'attaquer aux symptômes peut soulager la douleur, mais n'aide cependant guère à résoudre un problème de façon durable. Nous avons pour ce faire besoin de découvrir sa cause profonde. Des techniques d'« analyse des causes profondes, » qui sont toutes aussi simples qu'efficaces, permettent de le faire. Il en existe de très nombreuses, mais nous recommandons de commencer par les plus simples : les cinq pourquoi et la méthode socratique.

Les cinq pourquoi

L'histoire des auteurs de ce livre présente des similitudes troublantes : ils ont tous les deux testé les limites de la patience de leurs pères respectifs. Cela donnait un échange du genre :

Papa Benson/Papa DeMaria : « – Tu as une excuse pour tout ! »

Jim/Toni : « – Non, j'ai une raison pour tout ! »

Aucun d'entre eux ne cherchait la cause profonde d'une telle dynamique. Ces échanges stériles entre ados trop malins et pères frustrés ne permirent jamais une meilleure compréhension mutuelle. Ces derniers auraient pu prouver que nos raisons n'étaient que des excuses ; en retour, leurs enfants auraient pu démontrer que celles-ci étaient parfaitement raisonnables. Il s'agissait en fin de compte d'occasions manquées pour tout le monde.

Sakichi Toyoda, l'industriel japonais qui a fondé Toyota, avait compris que les problèmes ont souvent des causes profondes. Il voulait que ses employés dépassent leurs idées reçues et recherchent le cœur du problème après avoir « fait table rase »[7]. Il ne demandait pas *pourquoi* une fois ou même deux. Ses instructions étaient de toujours se demander *pourquoi* à cinq reprises, jusqu'à ce que vous arriviez à quelque chose fournissant le contexte réel du problème.

Considérez donc le scénario suivant pour voir les cinq pourquoi à l'œuvre. Vous rentrez chez vous tard dans la soirée pour découvrir le comptoir de votre cuisine couvert de fourmis. L'évier est plein de vaisselle. Votre fils Guillaume est introuvable. C'était pourtant bien à lui de

---

7 Jeffrey Liker, *The Toyota Way*, New York, McGraw Hill, 2003, p. 223.

faire la vaisselle. En son absence, vous vous tournez vers votre fille pour lui demander :

1. *Pourquoi la vaisselle n'a-t-elle pas été faite ?* Parce que Guillaume ne l'a pas lavée. (Reproche !)
2. *Pourquoi ?* Parce qu'il n'était pas dans la cuisine. (Négligence !)
3. *Pourquoi ?* Parce qu'il était dans sa chambre toute la journée. (Négligence criminelle !)
4. *Pourquoi ?* Parce qu'il était en train d'étudier. (Eh bien…)
5. *Pourquoi ?* Parce qu'il a un examen demain. (D'accord ! C'est plein de bon sens.)

S'arrêter après le premier *pourquoi* équivalait à confondre le symptôme avec la cause. Guillaume risquait donc d'avoir toutes sortes d'ennuis pour rien. Creuser plus profondément révèle une justification acceptable pour cet incident : Guillaume n'a pas fait la vaisselle parce qu'il a fait preuve d'un bon sens des priorités. Tout comme le Personal Kanban, les cinq pourquoi présentent l'avantage de dépersonnaliser les problèmes. La conversation ne commence plus et ne finit plus par une attaque personnelle contre Guillaume. Tout au contraire, l'option consistant à poser une question plus précise et plus constructive s'impose : « Pourquoi Guillaume n'a-t-il pas *dit* à quelqu'un qu'il n'avait pas le temps de faire la vaisselle ? »

Les fourmis restent un problème. Il est vraisemblable que Guillaume devra quand même dépenser une partie de son agent de poche pour payer pour l'insecticide. Utiliser *les cinq pourquoi* a cependant produit suffisamment de données pour corriger les hypothèses sur la cause du problème. Cela démontra que l'invasion de fourmis résultait d'une défaillance dans les communications et pas d'une éthique de travail douteuse de la part de votre adolescent.

Nous voyons que *les cinq pourquoi* fonctionnent mieux qu'une réaction impulsive.

Rechercher ainsi la cause profonde, c'est faire preuve de respect pour la capacité de Guillaume à prendre des décisions. Une telle analyse permet d'établir qu'il doit apprendre à mieux vous tenir au courant, ce qui est assez facile à faire. Découvrir qu'il existe de meilleures façons de communiquer avec la famille donne lieu à un évènement *Kaizen*, un moment d'inspiration qui permet une amélioration. Celle-ci devrait permettre d'éviter qu'un problème de ce type ne se reproduise à l'avenir, ce qu'une punition ne permettrait tout simplement pas.

Attention ! Lorsqu'il s'agit de rechercher des causes profondes en se demandant *pourquoi*, cinq est un bon point de départ, mais cela reste bien sûr un nombre arbitraire. Vous pouvez aller plus ou moins en profondeur en fonction de ce qui est pertinent dans une situation donnée. S'arrêter à cinq n'est probablement pas suffisamment rigoureux pour résoudre un problème tel que celui de la crise du système de santé américain. Assurez-vous de ce que la recherche des causes profondes reste votre objectif. N'obsédez pas trop sur le nombre de « pourquoi » que vous utiliserez.

La méthode socratique

▶ *Je sais que vous n'allez pas me croire, mais la plus haute forme de l'excellence humaine est de se questionner soi-même et de questionner les autres* (Socrate).

Si vous ne pouvez pas produire chez autrui un déclic, vous pouvez malgré tout les aider à y parvenir par eux-mêmes.

C'est exactement ce que faisait Socrate. Le philosophe engageait ses étudiants dans un échange intellectuel qui remettait en question les idées reçues. Certaines hypothèses étaient écartées et ses élèves cherchaient à vraiment comprendre au moyen d'un processus d'enquête de nature créative. La méthode socratique se doit d'aller en fait en profondeur, très en profondeur. Décrire en détail les étapes d'un tel processus, comme nous l'avons fait pour les *cinq pourquoi,* serait bien trop long, même si *5* reste un nombre fort heureusement bien limité. À défaut, efforçons-nous plutôt d'imaginer comment Socrate appliquerait sa magique dialectique à un problème familier…

Déconcerté par la dispute que vous venez d'avoir avec votre épouse, vous avez besoin d'un peu d'espace. Vous allez prendre un café avec Socrate et vous vous lamentez : « Que diable vient-il donc de se passer exactement ? Pourquoi venons-nous de rompre ? » Entre deux gorgées de café, Socrate vous pose une série de questions conçues afin de vous faire redéfinir « rupture » et peut-être même « nous », reconnaissant que, tout du long, ces mots ont été liés à une série de présuppositions de votre part.

Sans trop y réfléchir, vous considérez que la rupture a commencé au moment de votre conversation quand vous vous êtes mis en colère. « Lorsque vous vous êtes fâchés tous les deux » n'est qu'une abstraction qui ne vous fournit absolument rien sur quoi vous puissiez agir. Socrate commence calmement à remettre en question vos définitions. Ce faisant, le moment exact de la rupture commence à changer : ce n'est plus quand vous vous êtes mis en colère, mais quand votre épouse a appuyé sur la gâchette en utilisant des mots qui vous ont mis hors de vous. Socrate continue son questionnement. Vous en revenez au point où vous avez commencé la conversation. Vous commencez à réaliser que la « rupture » n'est pas du tout un point dans le temps, mais une conséquence de l'action qui vous a mis en colère. Après quatre tasses de café, un déclic se produit enfin : « ce genre de dispute est le résultat de la conjugaison d'un certain nombre d'éléments de stress, d'angoisses et de coût existentiel ! » Vous exultez, car maintenant tout est clair ! Le problème qui semblait incompréhensible il y a juste quelques heures s'explique désormais parfaitement !

Comme Socrate le savait depuis le début, il aurait bien pu résumer cela de façon condescendante en s'exclamant : « Mon gars, c'est juste une conséquence de la façon dont vous vous traitez mutuellement ! » Ce faisant, toutefois, il aurait minimisé l'importance de la situation et exagéré celle du problème. Vous n'aviez pas besoin de son opinion. Vous aviez besoin qu'un déclic se produise en vous : un véritable moment eurêka, accompagné d'une réalisation transformatrice pour votre vie.

Le processus d'enquête beaucoup plus long de Socrate vous a aidé à éliminer vos présuppositions et à tirer vos propres conclusions. Étant parvenu vous-même à une telle conclusion, vous avez maintenant l'impression qu'elle vous appartient. Cette citation de Confucius sonne tellement vraie : « J'entends et j'oublie. Je vois et je me souviens. Je fais quelque chose et je comprends ». Pour favoriser la compréhension, la méthode socratique adopte une approche expérientielle.

Socrate est souvent comparé à une sage-femme, puisqu'il s'agissait de faire accoucher les esprits. Pour le philosophe grec, la connaissance n'était pas quelque chose qui pouvait s'acquérir passivement, mais plutôt qui devait être recherché par l'intermédiaire d'un exercice interactif.

En appliquant la méthode socratique à un niveau personnel, vous remettez en question vos propres présuppositions, éliminant les informations déconcertantes, pour révéler la vérité profonde de votre position. La réflexion critique sur soi-même — jouer le rôle de son propre avocat du diable — nécessite tout à la fois de la patience et de la rigueur. Elle n'en est que plus essentielle à la recherche de l'amélioration. Socrate nous montre à quel point nombre des idées reçues dont nous restons prisonniers, relèvent du gaspillage intellectuel. Elles nous font réagir aux symptômes plutôt qu'aux causes, rejeter la responsabilité sur les autres et nous arrêter avant de parvenir à identifier une véritable solution.

Pour prendre du recul

Les *cinq pourquoi*, et la *méthode socratique*, peuvent se révéler comme étant des instruments bien tranchants entre les mains d'un novice qui les utiliserait davantage pour intimider autrui que pour résoudre des problèmes. Poser des questions suggérant fortement une réponse particulière met les gens sur la défensive et tourne rapidement un dialogue constructif en un débat contradictoire. Appliquer avec succès ces méthodes demande un certain savoir-faire. Il est nécessaire de s'assurer qu'elles sont utilisées de façon constructive de façon à résoudre un problème de façon collaborative et non pas de façon destructrice.

LES ASTUCES DU PERSONAL KANBAN

1. Le recours à des héros est souvent à mauvais escient.
2. La clarté est la pierre angulaire du développement personnel
3. Le développement personnel nécessite rétrospective et introspection
4. Les corrections de cap sont nécessaires dans tout ce que nous faisons.
5. Les rétrospectives nous donnent le temps d'équilibrer les besoins à court terme et à long terme.
6. Réglez les problèmes en allant à leur source. Ne vous laissez pas tromper par une réponse qui semble aller de soi.

ÉPILOGUE :
LE BUT DU JEU

Visualisez votre travail
Limitez votre travail en cours

Le jeu du Personal Kanban a un objectif ambitieux : permettre de vivre de façon efficace. Pour être gagnants à ce jeu, nous avons besoin de définir notre travail plutôt que de laisser notre travail nous définir. Pour échapper à la tyrannie du travail poussé, nous devons finir ce que nous commençons, exercer différentes options pour rechercher l'efficacité et favoriser les situations qui nous apportent de la joie. Dans ce but, nous avons besoin de comprendre tout à la fois notre travail et notre relation à celui-ci. Le Personal Kanban est un formidable système tout à la fois circulaire et perpétuel. Il dresse une carte narrative de nos actions passées, présentes et futures. Nous pouvons identifier sur celle-ci les tendances qui se dessinent et ainsi être à même d'innover. En somme, grâce au Personal Kanban, nous pouvons minimiser nos anxiétés et faire de bien meilleurs choix.

Le défi est de s'assurer que nous comprenions les émotions suscitées, lorsque nous exerçons une option, et de réviser nos priorités de façon dynamique en conséquence. Nous voyons les choix que nous faisons. Nous voyons nos anxiétés et également nos désirs. Nos choix deviennent tangibles et donc plus difficiles à ignorer. Nous apprécierons toujours certains choix, alors que d'autres seront toujours la source d'un certain ressentiment : c'est bien humain. Notre objectif n'est pas ici de réprimer nos émotions. C'est tout au contraire de comprendre quand et comment elles sont nos ennemies ou inversement notre alliée.

L'hyperbole d'une publicité télévisée résumerait tout cela en une formule : « Le Personal Kanban VOUS AIDE À FAIRE PLUS AVEC MOINS ». Ce que nous voulons, ce n'est pas simplement de faire plus. Nous voulons faire ce qui est *pertinent*. Nous voulons nous *améliorer*. Nous voulons choisir des tâches qui, au fil du temps, ouvrent le plus d'options, encouragent l'expérimentation et aboutissent à des vies aussi équilibrées que réussies.

Pour choisir les options pertinentes, nous avons besoin de comprendre le contexte. Quand nous accomplissons une tâche et que nous choisissons ce que nous allons tirer ensuite, nous nous posons nombre de questions « appropriées », bien logiques, comme : « Qu'est-ce qui importe le plus ? » « Quelle tâche va tenir dans la quantité de temps disponible ? » « Quelle tâche me rapportera le plus à long terme ? » « Quelle tâche est la plus importante pour ceux qui comptent pour moi ? »

Mais…

Certaines situations nous inspirent de puissantes réactions émotionnelles et physiologiques. Nous nous disons : « J'ai vraiment horreur de faire ça, donc je ne le fais pas, » « Cette tâche me déprime, alors je vais aller regarder la télévision, » ou encore « Je le ferai plus tard… beaucoup, beaucoup plus tard. » Nous voulons toutefois être efficaces, aussi la procrastination nous rend-elle anxieux. Nous devenons inquiets, nerveux et contrariés. Nous trouvons difficile de reconnaître que de telles réactions, tout aussi primaires que viscérales, sont bien légitimes. Elles méritent pourtant bien d'être prises en compte, car elles nous fournissent une rétroaction aussi riche qu'authentique sur ce que nous ressentons dans certaines circonstances.

Nos émotions proviennent d'une partie sombre et compliquée de notre psyché, occupée par nos souvenirs, nos insécurités et nos projections sur l'avenir. Relever certains défis nous effraie parce qu'un succès ou un échec nous fera entrer dans l'inconnu. Cela peut être une simple question de préférences : nous n'*aimons* simplement pas ce qu'il faut faire. C'est parfois une question d'anxiétés héritées du passé : ces spectres qui nous disent que si nous avons échoué par le passé, nous échouerons de nouveau à l'avenir. Il s'agit parfois d'une forme de défaitisme : ayant conscience de ne pas être particulièrement doués pour une tâche particulière, nous n'avons aucune envie de faire un travail médiocre. De telles anxiétés sont autant de freins à notre croissance.

Nous créons nos propres urgences en voulant faire bien trop de choses et ne nous attaquons à certaines tâches que lorsque la situation prend une tournure désastreuse.

Visualiser notre travail nous aide à bien gérer nos efforts en nous empêchant de refouler les tâches rébarbatives au fin fond de notre cerveau. En l'absence de visualisation, définir les priorités se fait de façon réactive et irréfléchie. Nos actions sont fonction de l'urgence du jour. Nous nous résignons à répéter ce processus voué à l'échec jusqu'à ce que chaque chose devienne à son tour une urgence. Après un certain temps, nous commençons à penser que cela va de soi.

Pour répondre à la question posée au chapitre 1 : « Si, il y a bien mieux ! **La Vie, c'est bien plus**. »

Le Personal Kanban dépersonnalise et démystifie notre travail. Il permet d'aligner nos émotions et nos objectifs et il transforme le spectre de nos anxiétés en feuillets adhésifs. La visualisation nous donne l'information dont nous avons besoin pour comprendre comment nous définissons nos priorités et répondons aux urgences, qu'elles soient réelles ou bien imaginaires. Tout cela nous permet d'établir un programme pour l'exécution des choses à faire, en nous donnant assez de flexibilité pour les corrections nécessaires. Les tâches peuvent être rangées par priorité en fonction du contexte. Nous pouvons procéder avec confiance à une évaluation des risques. Bien sûr, il y aura des moments quand nous ferons des erreurs de jugement, mais dans l'ensemble nos décisions seront plus judicieuses.

Le Personal Kanban nous aide à découvrir ce que nous aimons vraiment faire et ce que nous faisons le mieux. Nous pouvons ainsi utiliser notre temps et notre attention de façon optimale.

S'il n'y avait que deux choses à retenir de ce livre, cela serait que le travail qui n'est pas *visualisé est un travail qui n'est pas contrôlé et nous ne pouvons (et ne devrions pas) faire plus de travail que ce que nous pouvons mener à bien.*

Nous avons appris comment réagir aux cartes, aux histoires et à la clarté sur un plan affectif et cognitif. Qu'avons-nous appris ?

— Une planification préalable de grande envergure est inefficace et détruit certaines options.

— Le contexte guide nos décisions.

— Les rétrospectives nous aident à comprendre nos façons de travailler, nos passions, et nos futurs possibles.

— Les décisions prises sans avoir fait la clarté sont des décisions risquées.

— La vie est complexe et rien n'est jamais acquis.

Il est nécessaire de respecter la variation naturelle tout autant que de se respecter soi-même. Grâce au Personal Kanban, nous devenons plus conscients des complexités de la vie et nous sommes à même de prendre de meilleures décisions. Grâce à l'introspection, au Kaizen et aux rétrospectives, nous sommes mieux informés, plus attentifs et plus détendus.

Le Personal Kanban n'est pas un remède miracle illusoire ! C'est notre point de repère. C'est la carte de notre vie, toujours changeante et toujours en évolution.

ANNEXE A
LES DIFFÉRENTS MODÈLES DE CONCEPTION DU PERSONAL KANBAN

> *Je n'ai pas échoué. J'ai simplement trouvé 10 000 solutions qui ne fonctionnent pas* **(Thomas Edison).**

Votre kanban personnel est votre laboratoire. Changez sans cesse les paramètres de l'expérimentation, introduisez de nouvelles données, confirmez ou non des hypothèses et innovez. Il est non seulement permis, mais fortement recommandé, d'expérimenter avec votre kanban personnel. Il faut seulement bien s'assurer de continuer à limiter votre WIP.

Dans le chapitre initial de ce livre, nous avons introduit un tableau de Personal Kanban très simple. Comme avec n'importe quel outil, la maîtrise vient avec une pratique régulière et avec elle le besoin d'« aller plus loin. » Une excellente compréhension de votre contexte et un peu de créativité ouvrent la voie à de multiples façons de visualiser son travail, d'interagir avec lui et d'en tirer des enseignements.

L'objet de cette section est de présenter une gamme de modèles de conception, reposant sur différentes techniques de visualisation, qui permettent d'assurer un suivi du travail.

Une fois de plus, il n'y a pas une bonne et une mauvaise façon de créer votre kanban personnel. Les seules véritables contraintes sont votre imagination et l'équipement dont vous disposez. Représentez votre kanban sous forme de cercle, ajoutez une colonne ou une chaine de valeur supplémentaire et construisez-le en utilisant des aimants, du velcro ou même encore des briques Lego. N'ayez pas peur de prendre des risques et de créer des visualisations qui ne fonctionneront peut-être pas. En fin de compte, procéder par tâtonnements est une excellente façon d'apprendre ce qui vous convient le mieux.

L'HISTOIRE DE JESSICA : « FUTUR EN COURS » ET CHAINES DE VALEUR MULTIPLES

Jessica est une mère monoparentale qui a vraiment fort à faire. Elle jongle avec deux emplois de part et d'autre de la ville. Elle étudie pour passer un diplôme pour devenir conseillère en investissements financiers. Elle s'entraîne pour un triathlon. Elle veut écrire un livre. Elle réfléchit à la façon de monter sa propre entreprise et envisage peut-être même de préparer un autre diplôme. La liste est sans fin.

Mathématicienne de formation et spécialiste des actifs immatériels, Jessica comprend bien que sa barque est tellement chargée que l'explosion de sa limite de WIP est presque garantie. L'argent n'est d'ailleurs qu'un des actifs sur lesquels elle a besoin de concentrer son attention, parmi bien d'autres.

En déjeunant un dimanche, nous avons dessiné ensemble son kanban personnel. Nous avons discuté de ce qu'elle aimait, de ce qui était important pour elle, ainsi que de ses buts dans la vie. Dès le début d'une conversation qui devait durer trois heures, il est devenu clair que Jessica n'était pas seulement une personne qui se fixait des objectifs, mais qu'elle était bel et bien une véritable collectionneuse d'objectifs. Il était primordial de commencer par régler cette question. Se fixer des objectifs précis et réalisables est une bonne chose, mais lorsque ceux-ci créent plus de tâches que l'on ne peut raisonnablement mener de front, il faut faire quelque chose.

Nous sommes tombés d'accord sur le fait qu'établir une limite de WIP n'était pas suffisant dans son cas; elle avait également besoin d'une limite de « Futur en cours » ou *FEC*. Il y avait l'examen à préparer, le triathlon, le livre qu'elle voulait écrire, etc. Nous avons donc décidé de nous concentrer sur seulement deux objectifs. Il n'était pas question de renoncer à son diplôme qui était absolument indispensable, tant pour sa carrière que pour ses revenus à court terme. Continuer l'entraînement pour le triathlon allait également de soi puisque cela la motivait pour faire régulièrement de l'exercice et maintenir une vie physiquement active. Quant aux deux autres objectifs, elle pouvait les réaliser plus tard. Pour l'heure, Jessica avait beaucoup plus de chances de réussir en limitant son *FEC* à deux objectifs.

La première étape était réglée.

Il s'agissait à l'étape suivante de visualiser en même temps son *FEC* et son WIP régulier. Le régime d'entraînement de Jessica pour le triathlon comprenait tout à la fois des tâches répétitives et d'autres qui ne l'étaient pas. Elle devait consommer chaque jour un nombre spécifique de calories, prendre ses vitamines et bien sûr s'entraîner : nager, rouler à vélo et courir. Il aurait été possible de traduire tout cela, de façon bien encombrante, par trois feuillets adhésifs quotidiens répétés jour après jour. Elle devait, par ailleurs, trouver moyen de concilier un programme d'étude rigoureux et ses autres obligations.

Le Personal Kanban est une question de qualité et d'efficacité, pas de productivité. Il faut des tâches qui génèrent de la valeur, pas simplement du volume.

Un kanban personnel est conçu pour être un radiateur d'information. Comme la jauge de votre voiture, le kanban personnel de Jessica avait besoin de lui donner l'information en temps réel à partir de laquelle elle pourrait agir :

- Quelles séances d'entraînement avait-elle faites ? Quel jour ?

- Quel était son niveau de performance à l'entraînement ?

- Dans quelle activité sa performance était-elle la meilleure ?

- Dans quelle activité sa performance était-elle la plus faible ?

- Comment se sentait-elle après ses séances d'entraînement ?

- Son apport calorique était-il adapté à son entraînement ?

- Quels jours avait-elle été capable de se concentrer sur ses études ?

- Dans quelles matières était-elle la plus forte ?

- Quel thème maîtrisait-elle le moins bien ?

Forte de cette information, Jessica pouvait voir dans quelles activités physiques elle excellait et celles pour lesquelles elle avait encore besoin de progresser. Elle pouvait voir quand le temps qu'elle passait à s'entraîner, et celui qu'elle passait à étudier, étaient en conflit. Elle pouvait suivre l'impact que ses séances d'entraînement avaient sur les autres aspects de sa vie. Elle pouvait noter les déséquilibres entre son travail et sa famille. Elle pouvait donc ainsi corriger son cap quand cela était nécessaire.

Le tableau blanc de Jessica était trop petit. Nous avons donc également travaillé sur le mur pour avoir plus de place ; ses colonnes **BACKLOG** et **FINI** se retrouvèrent toutes les deux à l'extérieur de son tableau. Nous avons classé les tâches par couleur en suivant la chaine de valeur **AUJOURD'HUI → EN COURS → FINI**. Mais ce n'était pas ce qu'il y avait là de bien particulier.

Son kanban personnel incluait deux lignes d'eau. Une ligne d'eau est une chaine de valeur additionnelle, une ligne horizontale dédiée à une tâche spécifique. La pre-

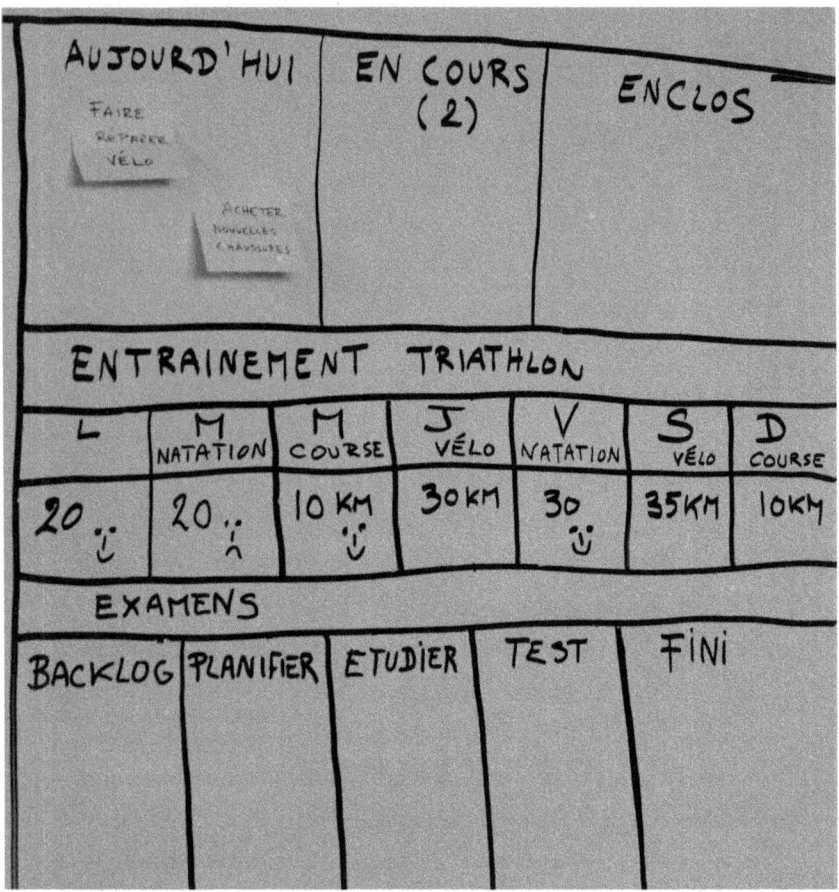

mière ligne d'eau est dédiée à l'entraînement pour le triathlon. Nous avons ici utilisé plusieurs métriques :

Alimentation : Chaque jour, la consommation nette de calories, l'hydratation et la prise de vitamines sont suivies ; le nombre de calories est noté, l'eau et les vitamines sont cochées pour indiquer que la quantité quotidienne requise a été absorbée.

Entraînement : Sont notés ici le type, l'intensité et le bien-être subjectif (BES). Le « 20 » représente 20 minutes d'entraînement en endurance. Les lettres L, M, F indiquent respectivement des entraînements d'intensité légère, moyenne ou forte. Les visages joyeux ou tristes indiquent comment Jessica se sentait subjectivement pendant la séance en question.

Non seulement ces indicateurs reflètent la motivation de Jessica et indiquent ses progrès, ils se révèlent également précieux pour planifier les séances suivantes.

La seconde ligne est dédiée à la préparation de son examen. La méthode d'étude préférée de Jessica consiste à préparer une synthèse de ce qu'il faut apprendre pour chaque unité, à en assimiler le contenu puis à se tester en répondant à des questions. Nous avons donc créé une ligne d'eau avec une limite de WIP de 1 pour nous assurer qu'elle ne travaillait jamais sur plus d'une unité à la fois

Le tableau de Jessica incorpore deux approches conçues spécifiquement pour les tâches répétitives d'une part et les grands projets de l'autre. Explorons chacune d'entre elles plus en détail.

L'approche spécifique aux tâches répétitives

Le régime d'entraînement de Jessica avant les compétitions nécessite qu'elle suive attentivement les indicateurs liés à sa performance, à sa nutrition et à son bien-être physique. Si elle avait créé une seule tâche globale « s'entraîner pour le triathlon », ce qu'elle devait faire obliga-

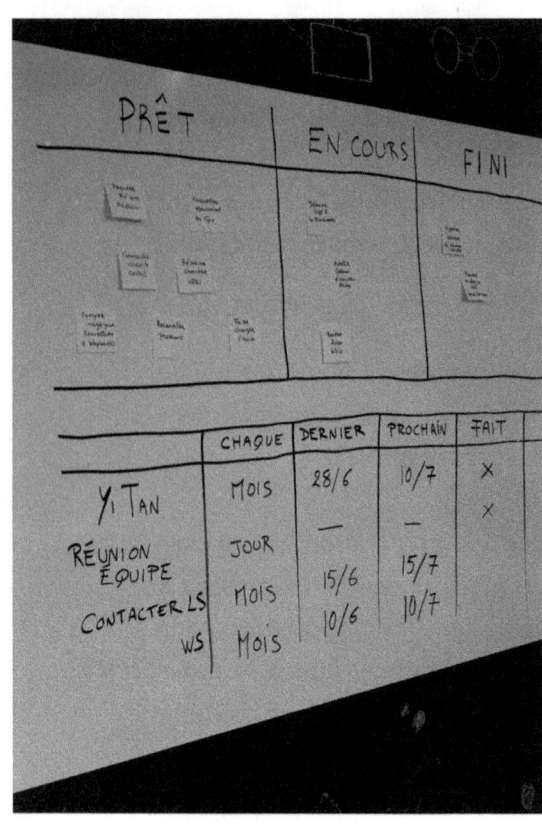

toirement chaque jour pour y parvenir aurait risqué d'être éclipsé par d'autres tâches (non liées au FEC) qui seraient apparues plus pressantes à court terme. L'approche qui consiste à isoler les tâches répétitives est conçue spécifiquement pour s'en occuper d'une façon astucieuse. Quand vous les incorporez dans votre limite de WIP régulier, les tâches répétitives peuvent encombrer votre kanban personnel et créer un surcoût considérable. Si vous avez à passer un appel aux trois mêmes clients chaque jour, créer 15 feuillets adhésifs par semaine vous rappelant de les appeler serait du gaspillage. Dans ce genre de situation, c'est une bonne idée de visualiser séparément les tâches répétitives et de leur réserver leur propre WIP. Mettez-les de côté dans une zone qui leur sera spécifiquement consacrée dans votre kanban personnel. Quand une tâche est terminée, cochez simplement la case correspondante pour la journée en question.

Il est important de garder ces tâches visibles, même si elles sont devenues routinières. Elles contribuent toujours à votre travail en cours et leur impact sur le reste de votre travail doit être reconnu.

L'approche spécifique aux grands projets

Nous nous trouvons parfois confrontés à de grands projets qui prennent des mois de travail et comprennent toute une série de tâches interdépendantes. Jessica se préparant pour un triathlon et son diplôme en sont d'excellents exemples. De tels projets nécessitent leur propre chaine de valeur pour assurer le suivi de leur progression et de leur flux, indépendamment de toutes les autres tâches. Voici pourquoi.

Imaginons que vous écriviez un livre. Avoir seulement un feuillet adhésif « travailler sur le livre » dans la colonne **EN COURS** pendant des mois et des mois ne reflète pas le flux du projet. Cela ne montre pas la progression du livre, l'avancement des chapitres, où et pour quelle raison vous êtes en panne d'inspiration ou encore si certains phénomènes ont tendance à se répéter dans votre travail. L'idéal est de suivre le progrès accompli pour chaque chapitre à travers les étapes de la pré-écriture, de l'écriture, de la relecture et de l'édition finale.

Ajouter des lignes d'eau réservées à des projets spécifiques dans votre kanban personnel aide à visualiser comment les tâches sont liées entre elles. Une telle approche vous permet de continuer à gérer votre WIP dans son ensemble, tout en vous donnant un meilleur contrôle sur le flux de vos projets, tout en vous fournissant de précieuses indications sur celui-ci.

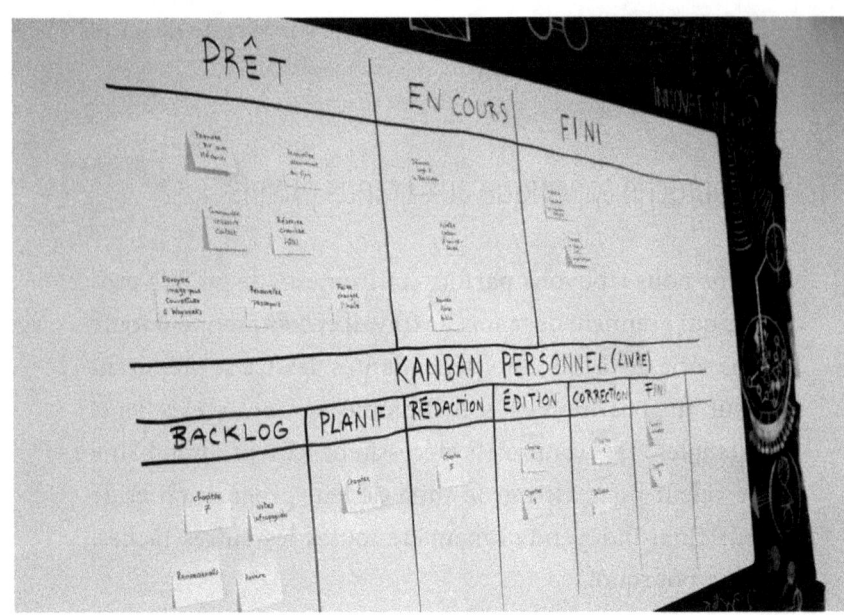

L'approche spécifique pour les grands projets comprend deux phases. Il s'agit d'abord de visualiser le projet à l'aide d'une carte repère. Ce feuillet adhésif unique symbolise l'ensemble des tâches s'y rattachant. Sur la photo, la tâche repère est représentée par un premier feuillet adhésif « travailler sur le livre » dans la colonne **EN COURS**. Le rôle de cette tâche repère est de matérialiser dans votre WIP toutes les tâches individuelles relatives à votre projet de rédaction d'un livre. Le suivi des progrès accomplis dans la préparation du livre s'effectue grâce à une chaine de valeur distincte (la chaine de valeur secondaire située au bas de l'image). Pour le projet en question, les chapitres avanceront d'une étape à la suivante sur la chaine de valeur secondaire jusqu'à ce que le livre soit terminé, mais vous pouvez aussi représenter des tâches individuelles sur d'autres chaines de valeur, pour autant que le travail soit visualisé.

Une approche pour les situations d'urgence

La vie nous réserve parfois de grosses surprises. Une multitude de tâches vient toujours avec les situations d'urgence. Nous nous passerions bien de telles situations qui nous prennent toujours au dépourvu et ne respectent aucunement notre système à flux tiré.

Quand j'étais adolescent, une série de sept tornades a complètement dévasté la ville de Grand Island au Nebraska. Les tornades du 3 juin 1980 ont fait cinq morts et des centaines de blessés. Elles ont également complètement rayé de la carte la ville où j'habitais. La destruction était si spectaculaire qu'Hollywood en a tiré un téléfilm, tout aussi horrifiant que la réalité. Le lendemain de ce qui restera gravé dans les mémoires comme « la nuit des tornades », les 30 000 habitants de notre communauté, tout aussi désorientés que déterminés, se sont trouvés confrontés à une série de tâches à faire exploser n'importe quelle limite de WIP.

C'était bien là une situation d'urgence avec un grand U, et personne ne pouvait s'offrir le luxe de prendre le temps de respirer. Les gens avaient non seulement besoin de trouver un hébergement temporaire, mais aussi de sauver ce qu'ils pouvaient des décombres, de s'occuper des inspecteurs d'assurances, de raser les décombres de leurs maisons, de préparer des plans de reconstruction, et finalement de reconstruire leurs vies. Ils devaient bien sûr accomplir tout cela sans électricité, sans téléphone et sans eau courante, par une température de plus de 32 °C et avec une humidité oppressante.

Ne plus savoir où donner de la tête

Un kanban personnel pour répondre aux situations d'urgence aurait pu les aider au lendemain de ce désastre. Imaginez sortir de votre sous-sol le matin du 4 juin, pour découvrir que le rez-de-chaussée de votre maison a disparu. Vous devez soudainement faire face à une avalanche de tâches inattendues pour lesquelles le facteur temps est crucial (comme trouver un hébergement). Pour beaucoup de ces tâches, trouver une solution nécessite une contribution externe. Si vous vous attaquez à chacune à tour de rôle, à l'intérieur d'une limite de WIP, vous passerez la plus grande partie du temps à attendre un appel téléphonique, que vos déclarations de sinistre soient traitées ou que les matériaux soient livrés. Dans une situation de réponse aux situations d'urgence, vous n'avez simplement pas le temps d'accomplir chaque tâche avant d'en commencer une nouvelle. Assurer le suivi de sous-tâches, telles que « vérifier UNE FOIS DE PLUS où en est la déclaration de sinistre, » serait une perte de temps.

Utiliser un kanban personnel normal poserait problème. Les tâches que vous auriez commencées, mais pas encore terminées, pourraient encombrer tout autant votre *WIP* que votre colonne **PARKING**. Le projet est bien défini, en ce sens que son orientation et son but sont des plus clairs, mais il nécessite la gestion simultanée d'une multitude de tâches.

Il s'agit d'un multitâche nécessaire, mais *maîtrisé*. Avec une liste traditionnelle, nous aurions un décompte des tâches à accomplir, mais nous ne serions pas en mesure de juger de leur état d'avancement et nous aurions de la difficulté à limiter notre WIP. L'approche pour les situations d'urgence a quelques caractéristiques spécifiques qui se révèlent utiles pour surmonter les limites d'une liste de tâches.

Tâche	Commencé	À réunir	Réunis	Actif	Terminé	Notes
Résilier contrat Eau Gaz Électricité						
Nettoyer les dégâts						
Louer unité d'entreposage						
Enlever les débris						
Prendre RV pour enlèvement des débris						
Trouver logement temporaire						
Louer une voiture						
Acheter des vêtements						
Trouver un entrepreneur						
Faire renouveler les ordonnances						
Faire refaire les lunettes						
Louer une boîte postale						
Renouveler toutes les cartes de crédit Visa 1 Visa 2 American Express Mastercard						
Contacter l'école						
Prévenir parents que tout va bien						
Appeler FEMA a.s. assistance						
Acheter une cuisinière						

Pour chaque tâche, la chaine de valeur de l'approche pour les situations d'urgence comprend :

- **COMMENCÉ**. Si le travail sur cette tâche a déjà débuté ;

- **À RÉUNIR**. Si c'est quelque chose que vous êtes en train de réunir (vous êtes en train de recueillir des documents ou d'autres éléments requis) ;

- **RÉUNIS**. Si cela a été effectivement réuni. (L'exigence a été remplie.)

- **ACTIF**. Si une tâche a été initiée, mais que vous devez attendre que quelqu'un d'autre fasse quelque chose.

- **TERMINÉ**. Si le travail est terminé.

L'approche pour les situations d'urgence comprend également une colonne **NOTES**. Dans un tel contexte, ces notes vont vraisemblablement s'accumuler sur votre kanban personnel. Elles sont nécessaires. Ne craignez pas le désordre fonctionnel. Est-ce optimal ? Certes non. La vie ne l'est toutefois pas non plus. Votre kanban personnel pour les situations d'urgence, c'est votre cellule de crise, l'endroit où, en toute circonstance, vous pouvez observer et savoir ce qui se passe.

L'APPROCHE DE LA CAPSULE DE TEMPS

Au fil du temps, nous accumulons une quantité de petites tâches qui sont importantes, mais pas urgentes. Au début, ces tâches sont inoffensives. Plus nous attendons, plus elles risquent de devenir problématiques, d'entraver nos plans et de nécessiter que nous révisions nos priorités de toute urgence. C'est une question de temps avant que ces tâches ne soient source de gaspillage. Ce sont des tâches qui devraient prendre cinq minutes, mais qui finiront par vous en faire perdre six fois plus à vous excuser pour ne pas les avoir accomplies à temps.

L'approche de la capsule de temps vous permet de venir à bout de ces petites tâches irritantes. Jetez un œil sur votre kanban personnel : vous voyez toutes ces petites tâches ? Il s'agit de les extraire de votre tableau pour les placer sur votre bureau et de se mettre à l'ouvrage jusqu'à ce qu'elles soient exécutées ou que votre journée soit terminée. Si vous devez consacrer huit heures à ces petites tâches, considérez cela comme une occasion d'apprendre. Faites-leur traverser votre table de travail en les faisant passer par trois étapes : **PRÊT → EN COURS → FINI**.

Il s'agit là d'un travail à la tâche. Ne perdez pas beaucoup de temps à établir des priorités. Vous finirez probablement par trouver un système gagnant, en suivant une des approches suivantes ou en en combinant plusieurs d'entre elles :

Faites-vous suer. Selon un remède de grand-mère, « prendre une bonne suée » est la meilleure façon de se débarrasser d'une fièvre. Augmenter la température ambiante quand vous avez déjà de la fièvre à cause d'une infection peut sembler contre-indiqué. Certaines personnes n'en pensent pas moins que c'est une méthode on ne peut plus efficace pour éliminer les toxines qui vous rendent malades.

C'est en suivant ce raisonnement qu'il est possible de se dire : « Vas-y ! Mets toute la vapeur et finis-moi tous ces petits trucs ! » Traitez rapidement ces petites tâches ennuyeuses qui ne prennent que cinq minutes ! La sueur requise sera vite épongée. Une fois terminé, vous aurez le plaisir de constater qu'un nombre bien satisfaisant de ces tâches se seront accumulées dans votre colonne **FINI**, vous laissant avec un *backlog* épuré et beaucoup plus pertinent.

Faites feu de tout bois ! Les tâches simples qui ne nécessitent que d'envoyer un courriel rapide sont faciles à tirer dans la colonne **EN COURS**. Cependant, n'oubliez pas qu'avec l'approche de la capsule de temps, **FINI** est l'objectif. Avoir de multiples tâches en cours est acceptable, à condition toutefois qu'elles soient bien en voie d'être achevées.

Souvenez-vous que c'est là une stratégie pour venir à bout du désordre de votre *backlog*. Les tâches personnelles sont difficiles à maîtriser et donc un *backlog* en désordre est inévitable. Si vous devez faire un grand ménage plus d'une fois par mois, il est bien probable que vous entreprenez trop de tâches, que vous les définissez de façon trop granulaire ou encore que vous ne savez pas comment bien hiérarchiser vos priorités.

L'APPROCHE PERMETTANT D'ÉQUILIBRER LE DÉBIT

Quand je dirigeais Gray Hill Solutions, j'étais le seul à arriver très tôt le matin. Cela me permettait de prendre de l'avance. J'arrivais au bureau à six heures du matin et je pouvais rédiger un billet de blogue, répondre à mes courriels ou encore régler certaines tâches rapides, avant que le reste de l'équipe n'arrive deux heures plus tard. Débuter ma matinée par une série de petites tâches faciles et même agréables, me permettait de partir du bon pied. Me débarrasser de ces tâches rapidement chaque matin donnait ainsi une certaine impulsion à ma journée.

Si j'avais utilisé le Personal Kanban à une telle époque, j'aurais utilisé l'approche permettant d'équilibrer le débit pour ce type de travail. Celle-ci donne la priorité à un certain nombre de petites tâches qui sont facilement exécutées et dont on peut s'occuper en tout premier lieu. Les tâches plus importantes, qui nécessitent plus d'investissement, sont exécutées plus tard dans la journée. Le but n'est pas ici de privilégier la quantité aux dépens de la qualité. Il s'agit d'équilibrer la taille et le type des tâches et de s'assurer qu'un minimum d'entre elles est mené à bien régulièrement. Cela prévient ainsi leur accumulation et la nécessité de séances-marathons pendant lesquelles vous devez *mettre toute la vapeur*.

Pour se faire, l'approche permettant d'équilibrer le débit consiste à combiner une limite de WIP de trois pour les petites tâches à faire rapidement et une limite de WIP de deux pour les tâches plus substantielles à accomplir plus tard.

Faites bien attention ! Lorsque vous utilisez une telle approche, prenez garde à ne pas déplacer les tâches terminées avant la fin de la journée ou jusqu'à ce que chacune des tâches en question (grandes et petites) ait été exécutée. Si vous les terminez et qu'ensuite vous les remplacez immédiatement par de nouvelles tâches, vous n'équilibrez pas votre débit. Cette approche ne recommande surtout

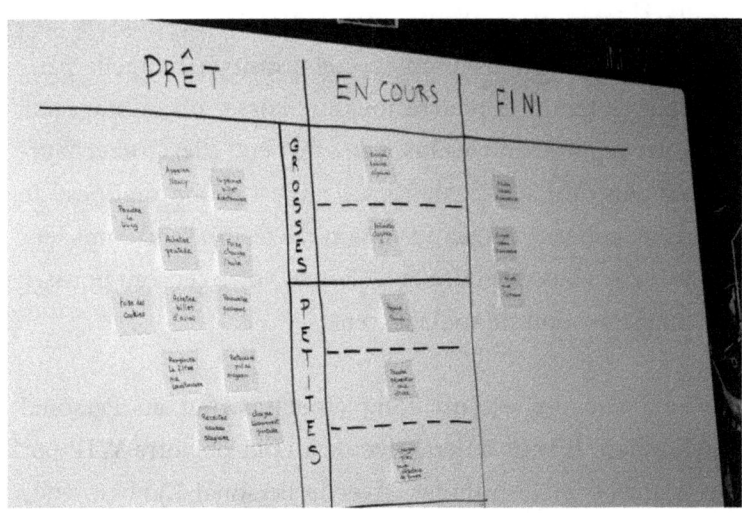

pas de simplement travailler en pensant avant tout à la productivité. L'idée n'est pas de maximiser votre débit en fonction du nombre de feuillets adhésifs que vous faites avancer, mais d'équilibrer le débit des différents types de tâches.

LE PERSONAL KANBAN ET LE POMODORO

La communauté du Personal Kanban a rapidement adopté la technique du *Pomodoro* pour les situations dans lesquelles une concentration complète sur une tâche du WIP est la seule façon d'en venir à bout. Conçu par Francesco Cirillo, le *Pomodoro* est un outil de gestion du temps qui recommande d'alterner des tranches de 25 minutes de travail pendant lesquelles on se concentre intensément et des périodes de repos de cinq minutes, en répétant un tel cycle autant de fois que nécessaire[1]. Les périodes d'intense concentration (chronométrées avec une minuterie de cuisine, une horloge en ligne ou tout autre instrument doté d'une alarme) permettent de faire abstraction des distractions environnantes. Celui qui vous appelle pendant ce temps là pourra toujours laisser un message sur votre répondeur. Une tasse de café peut, elle, être réchauffée plus tard si nécessaire. Ce qui est primordial c'est de rester concentré. Quand vous aurez terminé, le temps sera venu de vous détendre et de laisser votre cerveau pousser un gros soupir de soulagement.

Le *Pomodoro* est un complément parfait au Personal Kanban. Il vous aidera à venir à bout de votre WIP par tranches de 25 minutes. Avec le Personal Kanban, vous

---

1 http://www.pomodorotechnique.com

serez conscient d'avoir bien organisé vos tâches, tiré la tâche la plus pertinente à un moment donné, tout en sachant qu'il en sera de même pour les autres le moment venu. Il est ainsi plus facile de se concentrer et d'exécuter les tâches à accomplir.

N'exagérez quand même pas ! N'essayez pas d'utiliser systématiquement la méthode du temps délimité (*time-boxing*), en organisant toutes vos tâches par tranches de 25 minutes. Pour prévenir le risque d'épuisement, utilisez la technique du *Pomodoro* à bon escient.

LE PERSONAL KANBAN MOBILE

Beaucoup d'entre nous ne passent pas la majorité de notre temps dans un bureau. C'est le cas des parents, des étudiants, des consultants, des agents immobiliers, des entraîneurs sportifs, des formateurs, des enseignants ou encore des directeurs régionaux. Lorsque nous n'avons pas accès à nos tableaux blancs, un kanban personnel mobile offre une alternative adaptée pour pouvoir visualiser son travail partout où on se trouve.

Nous utilisons pour notre part un simple carnet de notes (mais une chemise en carton fonctionne tout aussi bien) et de petits feuillets adhésifs. Sur la moitié supérieure de la page se trouvent les colonnes **PRÊT** et **EN COURS**, alors que les colonnes **FINI** et **PARKING** sont, quant à elles, dans la partie inférieure. Cela donne un kanban personnel simple et efficace qui permet de gérer les tâches en déplacement. Il est possible de le synchroniser avec un tableau plus large à la maison ou au bureau.

ANNEXE B :
LE PERSONAL KANBAN ET LES MÉDIAS SOCIAUX

> *Il n'y a que deux règles à suivre avec ce livre : s'en servir pour être plus productif et en parler autour de soi* **(Ross Mayfield).**

Né d'un besoin, le Personal Kanban s'est répandu par le bouche-à-oreille grâce aux médias sociaux. À la suite de la série de moments de révélation que nous avons évoqués dans le premier chapitre, nous avons commencé à écrire sur le Personal Kanban sur le blogue *Evolving Web* (http://ourfounder.typepad.com). La réponse que nous avons obtenue a été aussi immédiate qu'enthousiaste, particulièrement sur Twitter. Nous avons donc continué à bloguer, avons de plus microblogué sur Twitter, pour poursuivre la conversation avec la communauté de pratique globale qui émergeait, afin de tester nos hypothèses. Une série de missions de conseil liées au Personal Kanban ont suivi, puis la création d'un site Web spécifique (http://personnalkanban.com).

Nous espérons continuer cette conversation et vous invitons à vous y joindre en interagissant avec nous et avec les autres praticiens du Personal Kanban.

Facebook

Suivez-nous sur Facebook pour rencontrer d'autres praticiens du Personal Kanban et vous joindre à la conversation. Partagez vos idées, posez des questions, postez des photos de vos propres tableaux, discutez de vos expériences respectives du Personal Kanban. Restez ainsi informés des tout derniers billets de blogue, des podcasts, des présentations, des webinaires et des évènements portant sur le Personal Kanban. Il suffit de faire un « J'aime » sur la page Personal Kanban de Facebook pour devenir un membre de la communauté *PKFlow*.

TWITTER

Suivez-nous sur Twitter : @personalkanban, @ourfounder (Jim), @sprezzatura (Tonianne). C'est avant tout la communauté du Personal Kanban sur Twitter qui a rendu ce livre possible. Des praticiens très actifs du Personal Kanban ont partagé leurs succès, discuté des défis auxquels ils étaient confrontés et échangé sur la façon dont ils avaient personnalisé leur propre tableau. Lorsque vous tweetez sur vos expériences du Personal Kanban, assurez-vous d'ajouter à vos tweets le mot-clic #PKFlow afin que les autres membres de la communauté du Personal Kanban puissent se joindre à la conversation.

BLOGUES

Une rapide recherche sur Google démontre le niveau de l'engagement relativement au Personal Kanban en ligne.

Aux quatre coins du monde, les praticiens bloguent sur leurs innovations et leurs expérimentations dans l'utilisation du Personal Kanban, tant pour la gestion d'un projet de rénovation de maison, pour la préparation d'une grande fête de famille, pour effectuer le suivi des tâches domestiques ou encore du niveau de confiance en soi des enfants. Ces différents types de billets ont rendu les discussions sur le Personal Kanban sur Facebook et Twitter beaucoup plus vivantes. Nous vous invitons à directement partager vos histoires avec la communauté du Personal Kanban. Assurez-vous que vous partagez le lien de vos billets de blogue sur Twitter (n'oubliez pas d'ajouter #PKFlow à vos tweets) ou sur la page du Personal Kanban sur Facebook.

Et, bien sûr, vous pouvez lire le blogue *Personal Kanban* (http:// personalkanban.com)

À PROPOS DE JIM BENSON

Le cheminement qui amena Jim Benson à la création du Personal Kanban fut pour le moins tortueux. Après l'université, il s'est retrouvé pendant vingt ans à construire des systèmes de trains légers et des quartiers, en qualité d'urbaniste. Comme cofondateur de Gray Hill Solutions, il a ensuite développé des logiciels pour des entreprises et des sites Web pour d'importantes agences gouvernementales. Plus récemment, comme consultant en gestion collaborative chez Modus Cooperandi, il a aidé à créer de meilleurs environnements de travail pour des équipes de toutes tailles. Le fil conducteur de son histoire personnelle a été les communautés, dans leurs dimensions physiques, réglementaires, technologiques, émotionnelles, fiscales et politiques.

Jim a travaillé avec de grandes entreprises, des administrations publiques et des associations de toutes tailles. Il aide ses clients à créer des systèmes de gestion collaborative viables. Lui et son entreprise, Modus Cooperandi, combinent en une infrastructure d'outils et de processus, les principes du *Lean Manufacturing*, les méthodologies agiles de la conception de logiciels et la révolution des communications des médias sociaux. La clé pour faire que de tels outils fonctionnent est avant tout de développer une culture propice.

Un profil biographique de Jim ne serait pas complet s'il n'y était question de gastronomie. En suivant son flux Twitter ou ses mises à jour de Facebook, il est facile de se rendre compte que sa passion pour les communautés et l'innovation n'a d'égal que son goût pour les plaisirs de la table. Il a voyagé de par le monde pour manger, cuisiner et discuter de cuisine. Décider quel est son plat préféré est aussi pénible pour lui que de choisir sa chanson préférée. Poussé dans ses derniers retranchements, il se peut qu'il dise que le Siu Yoch ou le Wu Goch représentent le sommet de la gastronomie. On l'a toutefois déjà vu prendre l'avion pour se rendre à Washington, rien que pour aller déguster un sandwich à la viande fumée à la sauce chili chez Ben's, le célèbre restaurant de hot dogs.

Son nom d'utilisateur sur Twitter est @ourfounder.

À PROPOS DE TONIANNE DEMARIA BARRY

Tonianne DeMaria Barry a effectué en qualité de consultante des missions dans des secteurs allant de l'industrie de la mode au développement international, non seulement auprès d'agences gouvernementales, d'associations à but non lucratif et de grandes entreprises faisant partie du Fortune 100, mais aussi de startups. Sa formation universitaire d'historienne l'a bien préparée au métier de consultante en management. Elle est fermement convaincue que dans le monde des affaires la valeur présente du passé est fréquemment sous-estimée.

Demandant sans cesse le Pourquoi et le Comment des choses, elle aide ses clients à découvrir, à analyser et à interpréter leurs artefacts. En tirant parti des histoires et des valeurs culturelles fondamentales d'une organisation, elle encourage ses clients à utiliser leur histoire pour établir leurs priorités, prendre des décisions mieux informées et plus innovantes et atteindre leurs objectifs.

Comme avec le Personal Kanban lui-même, elle veut que ses clients reconnaissent leur contexte présent et passé, réalisent la façon dont les évènements sont connectés et suivent leur cours, mais aussi qu'ils sachent tirer les leçons des tendances émergentes afin de mieux planifier l'avenir.

Elle a travaillé avec Jim et Modus Cooperandi à toute une gamme de projets, en particulier pendant des missions récentes avec la Banque mondiale et les Nations Unies.

Lorsqu'elle ne travaille pas, on pourra surprendre Tonianne en train d'explorer le monde du whisky pur malt, de déguster un hot dog à Central Park, sous la Fontaine Bethesda, ou de découvrir la magie dans la banalité à travers l'objectif de son appareil photo Nikon.

Son nom d'utilisatrice sur Twitter est @sprezzatura.

À PROPOS DE MODUS COOPERANDI

« La performance par la collaboration. » Jim Benson a choisi cette devise après des années passées à travailler avec des équipes et à observer leurs interactions. Quand les membres d'une équipe se trouvent coincés, leurs pairs viennent à leur secours. Quand ils ont une bonne idée, ceux-ci contribuent à l'améliorer. Grâce à la collaboration, les équipes efficaces trouvent moyen de gagner en efficience, augmentant en fin de compte le débit, diminuant le gaspillage et améliorant considérablement le moral ambiant.

Modus Cooperandi envisage la collaboration comme un moyen privilégié pour favoriser la performance de groupe. Les pierres angulaires des équipes qui ont du succès sont le partage de l'information, la formation polyvalente, la résolution rapide des problèmes, le partage de toutes les tâches au sein du groupe, la révision des priorités et l'accent mis sur la qualité des réalisations. Modus Cooperandi a travaillé avec des organisations de toutes tailles, de la personne travaillant en solo aux multinationales et aux organisations mondiales. Le fait est que le gaspillage se produit quand les gens arrêtent de se parler.

Modus Cooperandi travaille ainsi avec les équipes pour identifier les conversations nécessaires tant aujourd'hui que demain.

Nous reconnaissons que les groupes sont sous pression pour se montrer performants. Nous comprenons également comment des facteurs tels que les règlements, la croissance, les partenariats et la politique interne peuvent avoir un impact direct sur la performance. Chaque équipe ou organisation a sa propre dynamique. Modus Cooperandi aide les équipes à apprendre, à développer des outils et des pratiques qui permettent de créer des systèmes collaboratifs, rendent les contraintes explicites, récompensent l'innovation et fournissent des indicateurs de performance judicieux.

LIMITEZ VOTRE TRAVAIL EN COURS (WIP)

www.ingramcontent.com/pod-product-compliance
Lightning Source LLC
Chambersburg PA
CBHW071711160426
43195CB00012B/1647